구약과 신약의 성경지도

성경대로 이루어지는 그리스도인의 삶이 되기를 기대하며...

"이 예언의 말씀을 읽는 자와 듣는 자들과 그 가운데 기록한 것을
지키는 자들이 복이 있나니 때가 가까움이라(계1:3)"

성경이 권위가 있는 것은 전 세계의 수많은 사람들에게
수없이 읽혀지면서 인간의 기억 속에 담겨져 있기 때문이 아니다.
구약의 말씀은 한 치의 착오도 없이 정확무오하게
선지자로 하신 말씀이 예수 그리스도로 이루어졌기 때문이요(마1:22),
신약의 말씀은 성령이 교회들에게 하시는 말씀이
초대교회 때뿐만 아니라 지금도 그대로 이루어지고 있고,
앞으로도 끊임없이 이루어져 갈 것이기 때문이다(계2~3장).

하나님의 말씀인 성경이 이와 같이 위대한 권위가 있을지라도
우리가 믿지 않는다면
그 권위는 무지(無知)한 인간들에게 잔인하게 짓밟힐 뿐이며,
그들에게는 아무 의미 없는 무용지물(無用之物)의 말씀이 되다가,
마지막에는 하나님의 심판만 있을 뿐이다.
이 성경의 말씀이 우리에게 권위가 되고,
우리 자신이 권위가 있는 사람이 되려면
이 예언의 말씀을 읽고 듣고 그 가운데 기록한 것을 지키는 자가 될 때
성경과 같은 권위가 있는 사람이 될 것이다.
그 이유는 말씀을 받은 자를 신이라 하였다(요10:34~35)고 했으니,
하나님의 말씀을 읽고 듣고 지킴으로서 그 말씀에 권위를 두는 자에게
하나님의 신적인 능력이 반드시 나타나기 때문이다.

그러므로 성도들을 향한 목사의 숙제는
“어떻게 하면 성경을 가감하거나 변질시키지 않고
하나님의 말씀을 정확하게 전달해서 목사에게 맡기신 성도들을 위하여
성령이 교회들에게 하시는 말씀이
그대로 이루어지게 할 것인가!”에 대한 것이다.
이와 같은 숙제는 목사로서 목회 여정이 끝나는 시간까지
풀어나가야 할 숙제일 것이다.

이와 같은 숙제를 안고
성경대로 말씀을 가르쳐서 신앙생활 잘해주기를 바라는 열망을 가지고
“목요성경공부”를 한지 6년의 시간이 흘렀다.
성도들에게 신구약을 알기 쉽게 이해할 수 있도록 지도를 직접 그리면서
수정하고 보완한지 5년이 되면서 우리 교회의 성도뿐만 아니라
많은 기독교인들이 함께 보면 좋을 것 같다는 생각으로
이번 “구약과 신약의 성경지도”라는 책을 출간하게 되었다.

독자들이 성경을 읽으면서 이 지도책을 펴놓고
흥미진진한 성경 말씀에 매료되기를 바라며,
예수님의 고난과 죽으심과 부활과 강림하심과 심판으로 이루어지는
하나님의 역사 안에서
하나님의 말씀인 성경을 읽고 듣고 그 가운데 기록한 것을 잘 지켜서
최후의 때 하나님께는 최상의 영광이 되기를 바라고,
독자들에게는 최고의 면류관이 되는데 도움이 되기를 바란다.

2021년9월
산성중앙교회 담임목사 고대원

구약성경지도 목록

신약성경지도 목록

구약성경 지도

여호수아 1장

[3] 내가 모세에게 말한 바와 같이
무릇 너희 발바닥으로 밟는 곳을 내가 다 너희에게 주었노니

[4] 곧 광야와 이 레바논에서부터 큰 하수 유브라데에 이르는
헷 족속의 온 땅과 또 해 지는 편 대해까지 너희 지경이 되리라

[5] 너의 평생에 너를 능히 당할 자 없으리니
내가 모세와 함께 있던 것 같이 너와 함께 있을 것임이라
내가 너를 떠나지 아니하며 버리지 아니하리니

[6] 마음을 강하게 하라 담대히 하라
너는 이 백성으로 내가 그 조상에게 맹세하여 주리라 한 땅을
얻게 하리라

[7] 오직 너는 마음을 강하게 하고 극히 담대히 하여
나의 종 모세가 네게 명한 율법을 다 지켜 행하고
좌로나 우로나 치우치지 말라
그리하면 어디로 가든지 형통하리니

[8] 이 율법책을 네 입에서 떠나지 말게 하며
주야로 그것을 묵상하여 그 가운데 기록한대로 다 지켜 행하라
그리하면 네 길이 평탄하게 될 것이라 네가 형통하리라

[9] 내가 네게 명한 것이 아니냐
마음을 강하게 하고 담대히 하라 두려워 말며 놀라지 말라
네가 어디로 가든지 네 하나님 여호와가
너와 함께 하느니라 하시니라

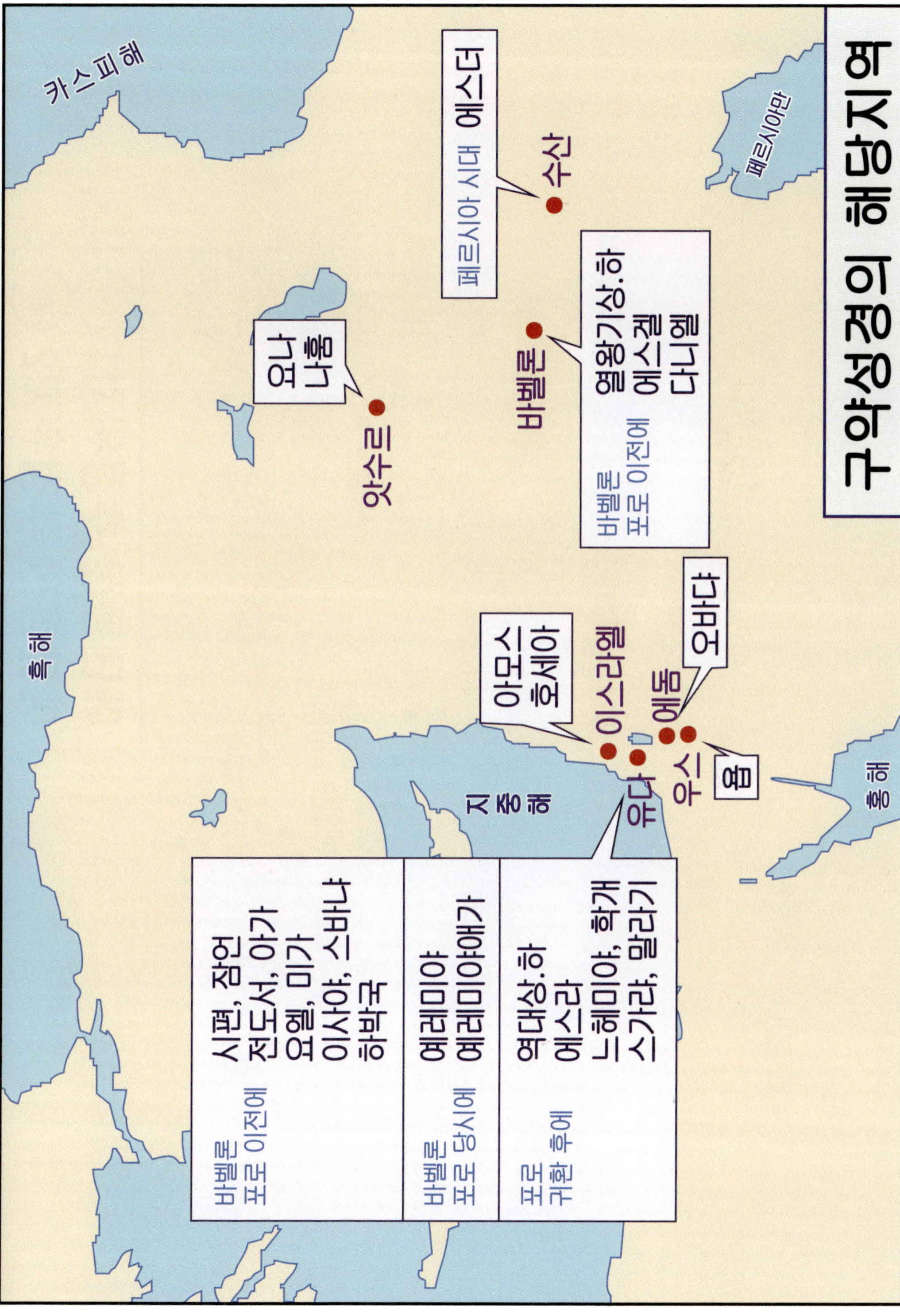
구약성경의 해당지역
카스피해
페르시아만
페르시아 시대 에스더
수산
요나
나훔
앗수르
바벨론
바벨론 포로 이전에
열왕기상.하
에스겔
다니엘
흑해
아모스
호세아
이스라엘
에돔
오바댜
욥
우스
유다
지중해
홍해
바벨론 포로 이전에
시편, 잠언
전도서, 아가
요엘, 미가
이사야, 스바냐
하박국
바벨론 포로 당시에
예레미야
예레미야애가
포로 귀환 후에
역대상.하
에스라
느헤미야, 학개
스가랴, 말라기

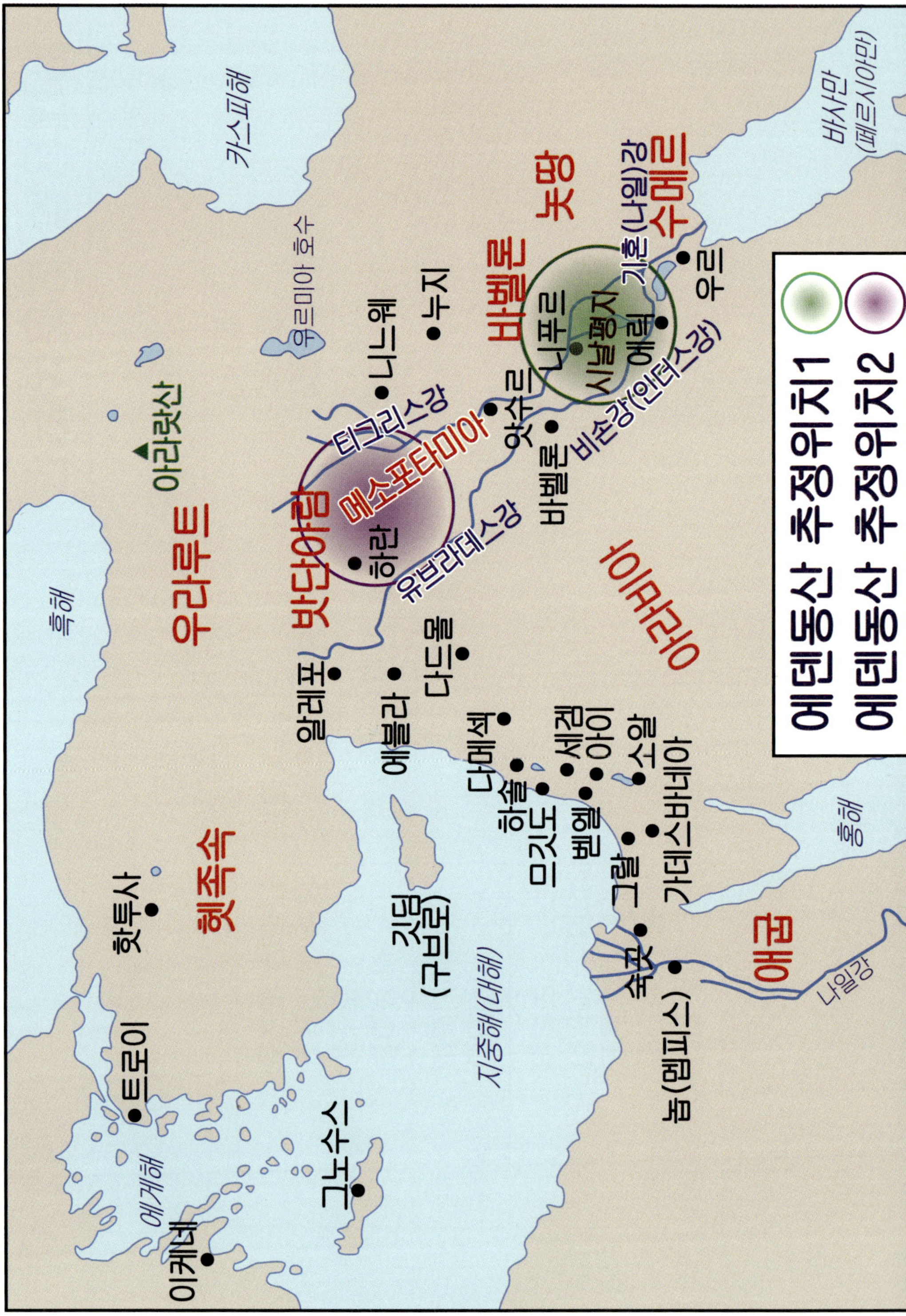
카스피해
우르미아 호수
아라랏산
우라르투
흑해
밧단아람
메소포타미아
티그리스강
하란
유브라데스강
니느웨
누지
앗수르
바벨론
비손강(인더스강)
바벨론
니푸르
시날평지
에렉
기혼(나일)강
수메르
우르
바사만
(페르시아만)
아라비아
알레포
에블라
다드몰
다메섹
하솔
므깃도
세겜
아이
벧엘
소알
그랄
가데스바네아
홍해
애굽
소안
놉(멤피스)
나일강
지중해(대해)
깃딤
(구브로)
헷족속
핫투사
트로이
에게해
그노수스
이케네
에덴동산 추정위치1
에덴동산 추정위치2

아담부터 야곱까지의 연대표

이름	출생년도	출생연대	아들출산 나이	후사 후 여생	향년	아담과 함께 한 연수
아담	B.C. 4114	원년	130세	800년	930년	930년
셋	B.C. 3984	130년	105세	807년	912년	800년
에노스	B.C. 3879	235년	90세	815년	905년	695년
게난	B.C. 3789	325년	70세	840년	910년	605년
마할랄렐	B.C. 3719	395년	65세	830년	895년	535년
야렛	B.C. 3654	460년	162세	800년	962년	470년
에녹	B.C. 3492	622년	65세	300년	365년	308년
므두셀라	B.C. 3427	687년	187세	782년	969년	243년
라멕	B.C. 3240	874년	182세	595년	777년	56년
노아	B.C. 3058	1056년	셈:502세	448년	950년	아담이 죽고 126년 후
	※노아가 600세 되던 해 2월17일에 홍수가 난 년도는 B.C. 2458년으로 계산된다.					노아와 함께 한 연수
셈	B.C. 2556	1558년	100세	500년	600년	448년
아르박삿	B.C. 2456	1658년	35세	403년	438년	378년
셀라	B.C. 2421	1693년	30세	403년	433년	313년
에벨	B.C. 2391	1723년	34세	430년	464년	283년
벨렉	B.C. 2357	1757년	30세	209년	239년	249년
르우	B.C. 2327	1787년	32세	207년	239년	219년
스룩	B.C. 2295	1819년	30세	200년	230년	187년
나홀	B.C. 2265	1849년	29세	119년	148년	148년
데라	B.C. 2236	1878년	장자 : 70세 아브람:130세	135년	265년	128년
아브라함	B.C. 2166	1948년	100세	75년	175년	58년
이삭	B.C. 2066	2048년	60세	120년	180년	노아가 죽고 222년 후
야곱	B.C. 2006	2108년	90세	56년	147년	노아가 죽고 249년 후

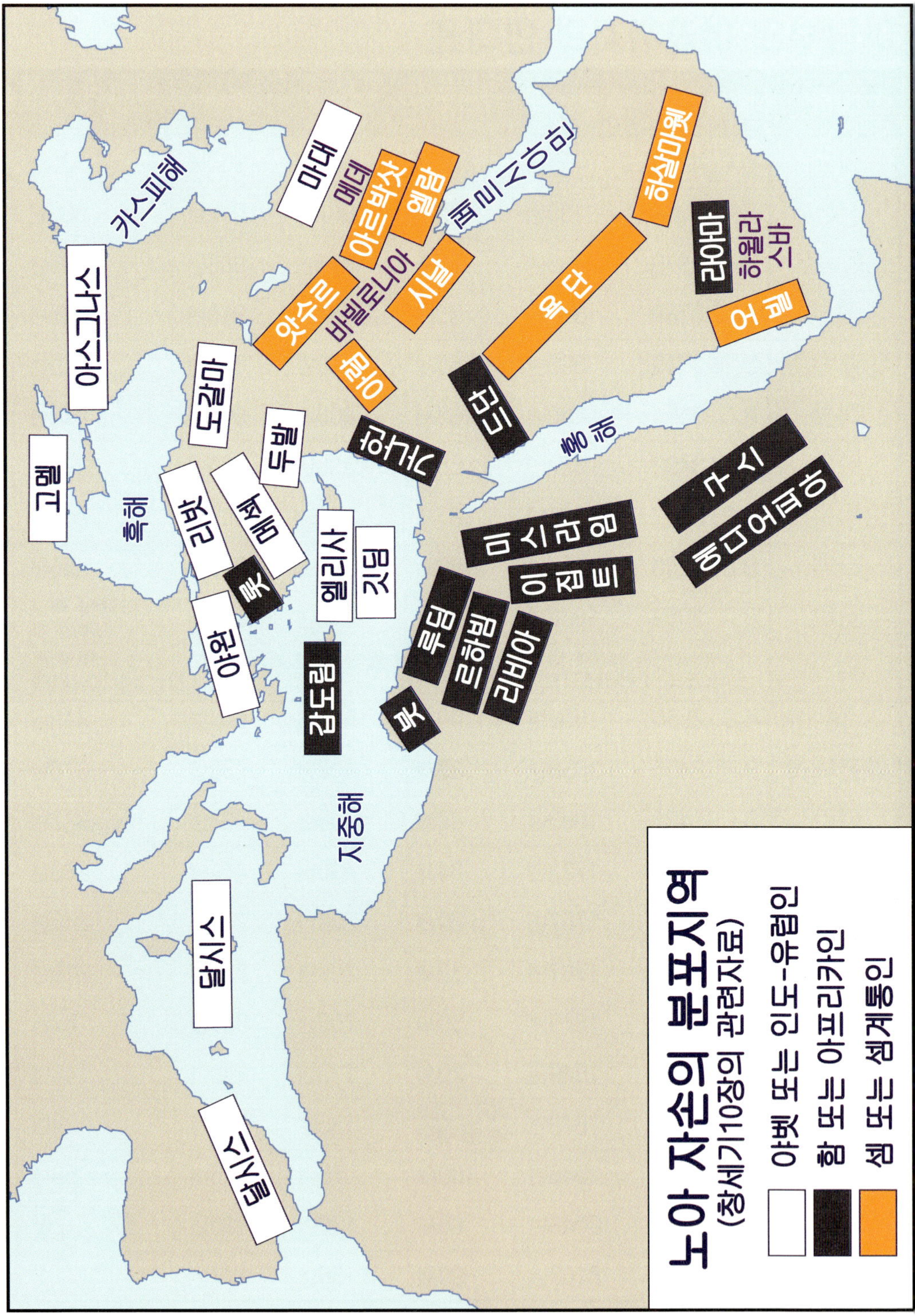

노아 자손의 분포지역
(창세기10장의 관련자료)
야벳 또는 인도-유럽인
함 또는 아프리카인
셈 또는 셈계통인
카스피해
아스그나스
마대
메대
아르박삿
엘람
페르시아만
하살마웻
앗수르
바벨로니아
시날
욕단
라아마
하윌라
스바
오빌
아람
도갈마
두발
고멜
흑해
가나안
드단
홍해
구스
리밧
메섹
룻
야완
엘리사
깃딤
미스라임
이집트
에디오피아
루딤
르하빔
리비아
붓
갑도림
지중해
달시스
달시스

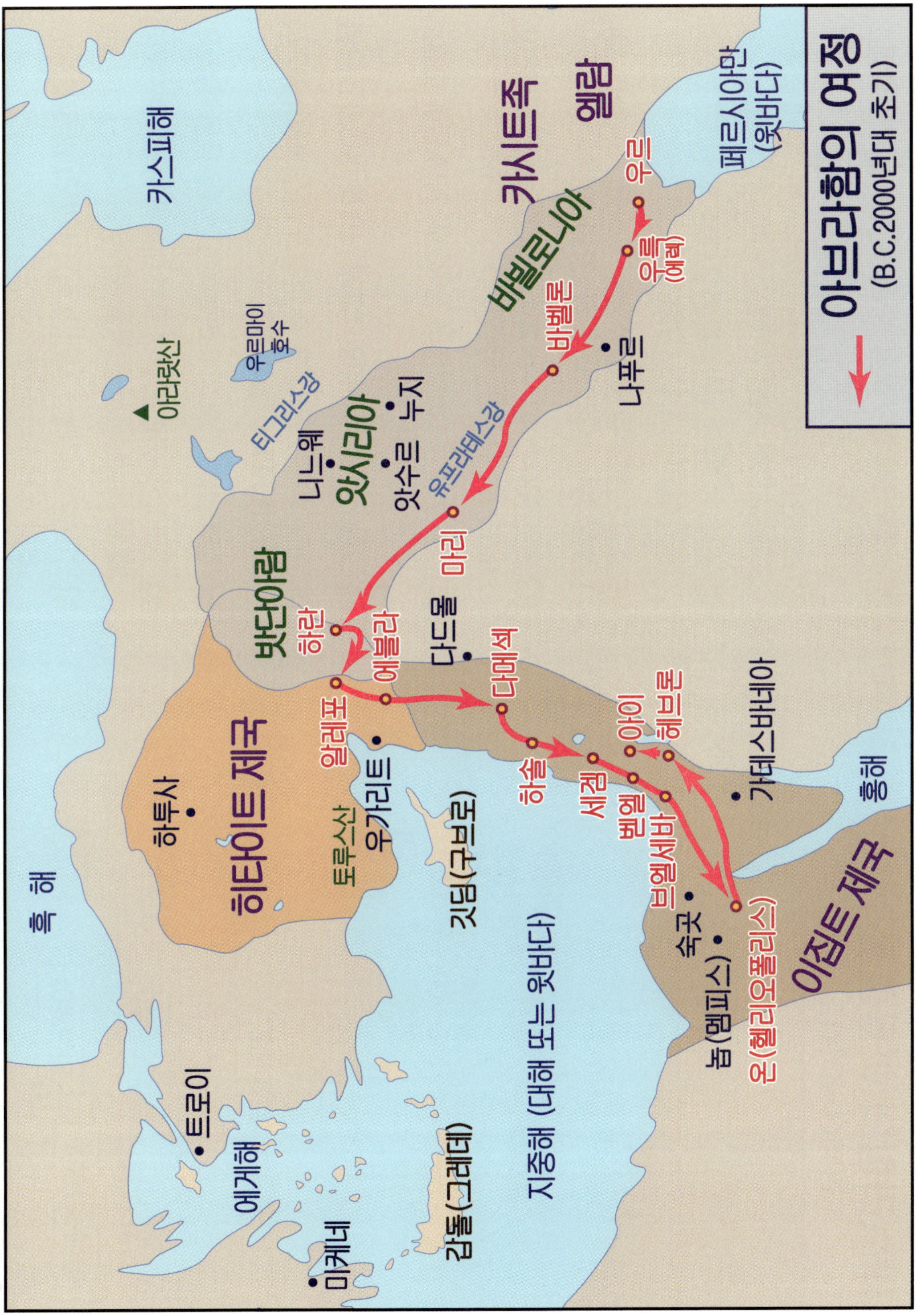
아브라함의 여정
(B.C.2000년대 초기)
카스피해
아라랏산
우르마이 호수
티그리스강
유프라테스강
카시트족
엘람
바빌로니아
페르시아만
(윗바다)
우르
우룩
(에렉)
바벨론
나푸르
앗시리아
니느웨
앗수르
누지
마리
밧단아람
하란
에블라
다드몰
다메섹
알레포
우가리트
히타이트 제국
하투사
토루스산
흑 해
트로이
에게해
미케네
갑돌(그레데)
지중해 (대해 또는 윗바다)
깃딤(구브로)
하솔
세겜
벧엘
아이
헤브론
브엘세바
가데스바네아
홍해
이집트 제국
숙곳
놉(멤피스)
온(헬리오폴리스)

아브라함의 이동경로
(창16장~23장)

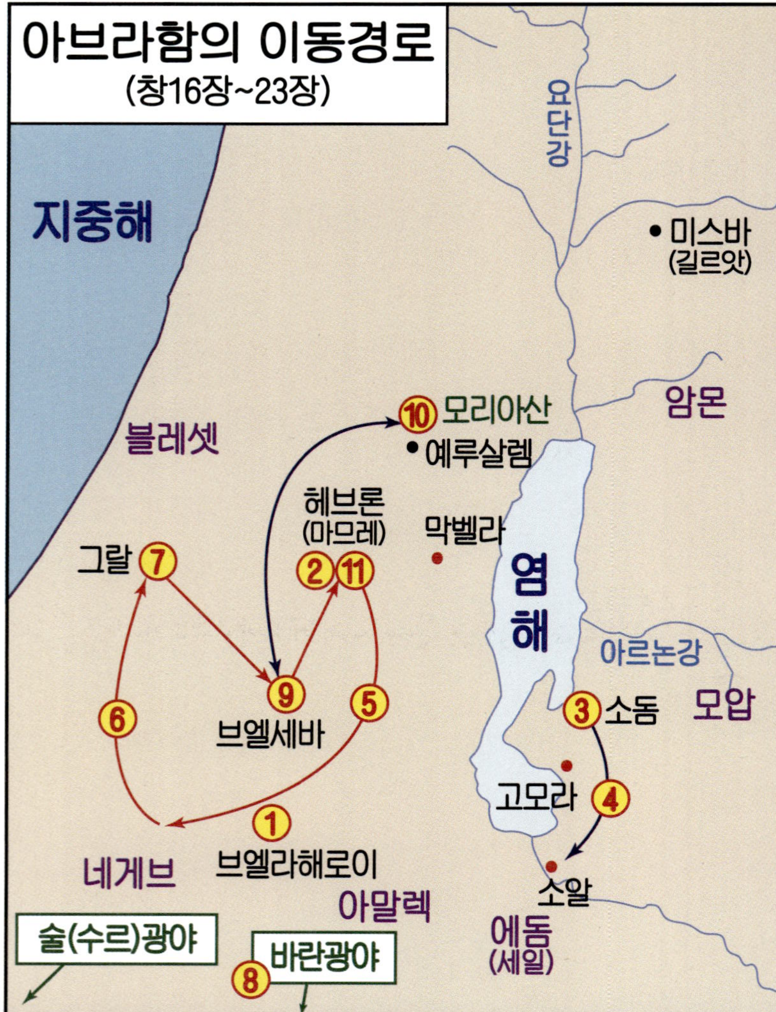

① 브엘라해로이 - 하갈이 사라에게서 도망한 후에 여호와의 사자를 만나고 헤브론으로 다시 돌아감.

② 헤브론(마므레) - 하나님이 사라에게 기한이 이를 때 아들이 있을 것을 약속하심.(창18:13~15)

③ 소돔과 고모라 - 간음을 하고 다른 색을 따라 가다가 불의 심판이 내려짐.(창19:1~25)

④ 소알 - 롯과 두 딸이 소알로 도피했으며(창19:29), 롯의 처는 소금기둥이 됨.(창19:26)

⑤ 헤브론에서 이동 - 네게브 지방의 가데스 바네아와 술(수르) 사이로 이동함.

⑥ 그랄로 이동 - 헤브론에 정착한지 20년 만에 그랄로 이주함.(창20:1)

⑦ 그랄 - 그랄 왕 아비멜렉에게 사라를 누이라고 속임.

⑧ 바란광야 - 사라의 몸 종 하갈과 이스마엘이 쫓겨나 바란광야에서 지냄.(창21:12~21)

⑨ 브엘세바 - 그랄 왕 아비멜렉과 언약을 맺음.(창20장)

⑩ 모리아산 - 아브라함이 독자 이삭을 번제물로 드리려 할 때 하나님께서 큰 복을 약속하심.(창22:1~18)

⑪ 헤브론(마므레) - 사라가 죽자 막벨라 밭 굴을 사서 장사 지냄.(창23:19)

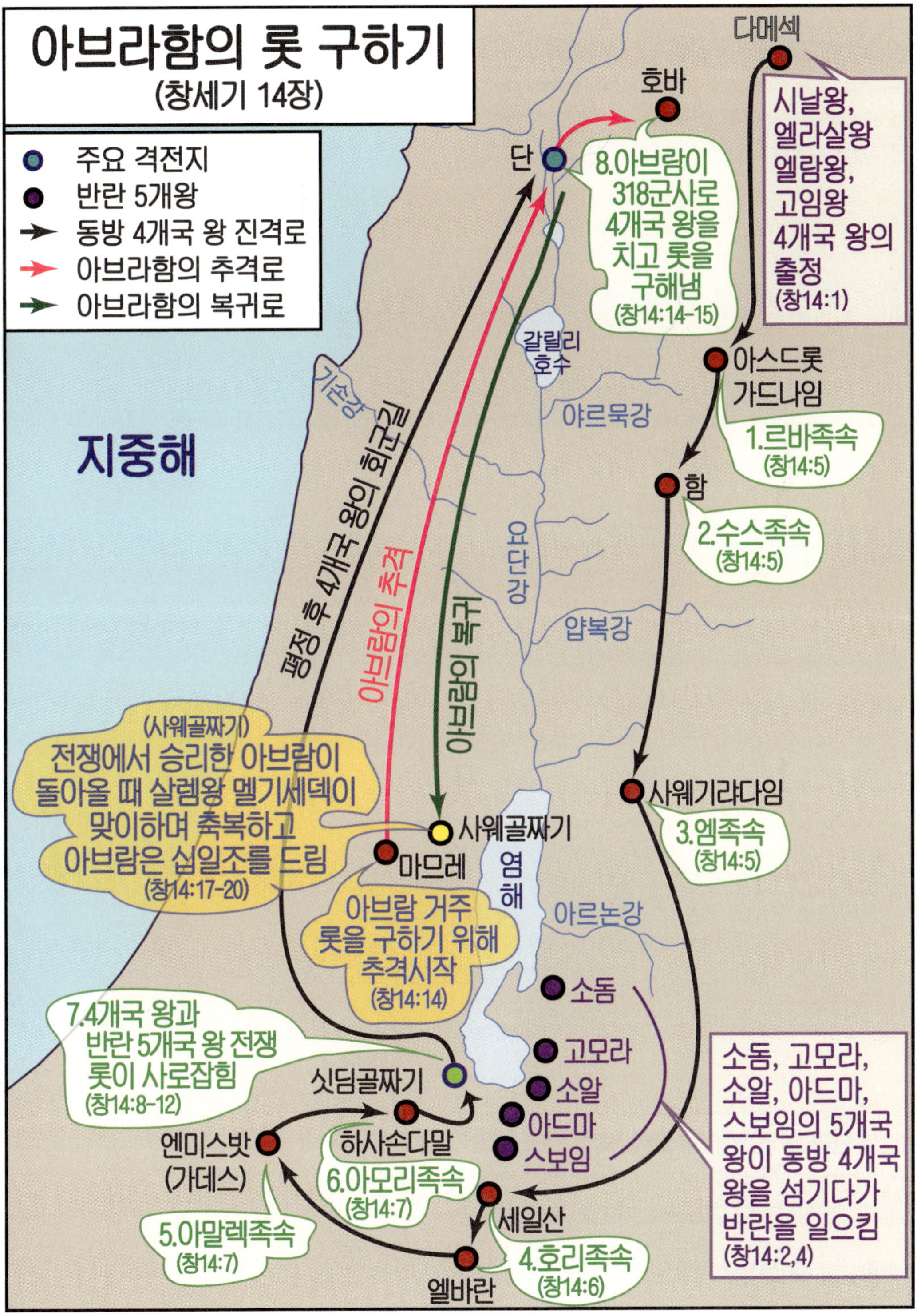
아브라함의 롯 구하기
(창세기 14장)
주요 격전지
반란 5개왕
동방 4개국 왕 진격로
아브라함의 추격로
아브라함의 복귀로
다메섹
호바
단
8.아브람이 318군사로 4개국 왕을 치고 롯을 구해냄 (창14:14-15)
시날왕, 엘라살왕 엘람왕, 고임왕 4개국 왕의 출정 (창14:1)
갈릴리 호수
아스드롯 가드나임
기손강
야르묵강
1.르바족속 (창14:5)
지중해
평정 후 4개국 왕의 회군길
아브람의 추격
아브람의 복귀
함
2.수스족속 (창14:5)
요단강
얍복강
(사웨골짜기) 전쟁에서 승리한 아브람이 돌아올 때 살렘왕 멜기세덱이 맞이하며 축복하고 아브람은 십일조를 드림 (창14:17-20)
사웨기랴다임
3.엠족속 (창14:5)
사웨골짜기
마므레
염해
아브람 거주 롯을 구하기 위해 추격시작 (창14:14)
아르논강
소돔
7.4개국 왕과 반란 5개국 왕 전쟁 롯이 사로잡힘 (창14:8-12)
고모라
싯딤골짜기
소알
아드마
엔미스밧 (가데스)
하사손다말
스보임
소돔, 고모라, 소알, 아드마, 스보임의 5개국 왕이 동방 4개국 왕을 섬기다가 반란을 일으킴 (창14:2,4)
6.아모리족속 (창14:7)
세일산
5.아말렉족속 (창14:7)
엘바란
4.호리족속 (창14:6)

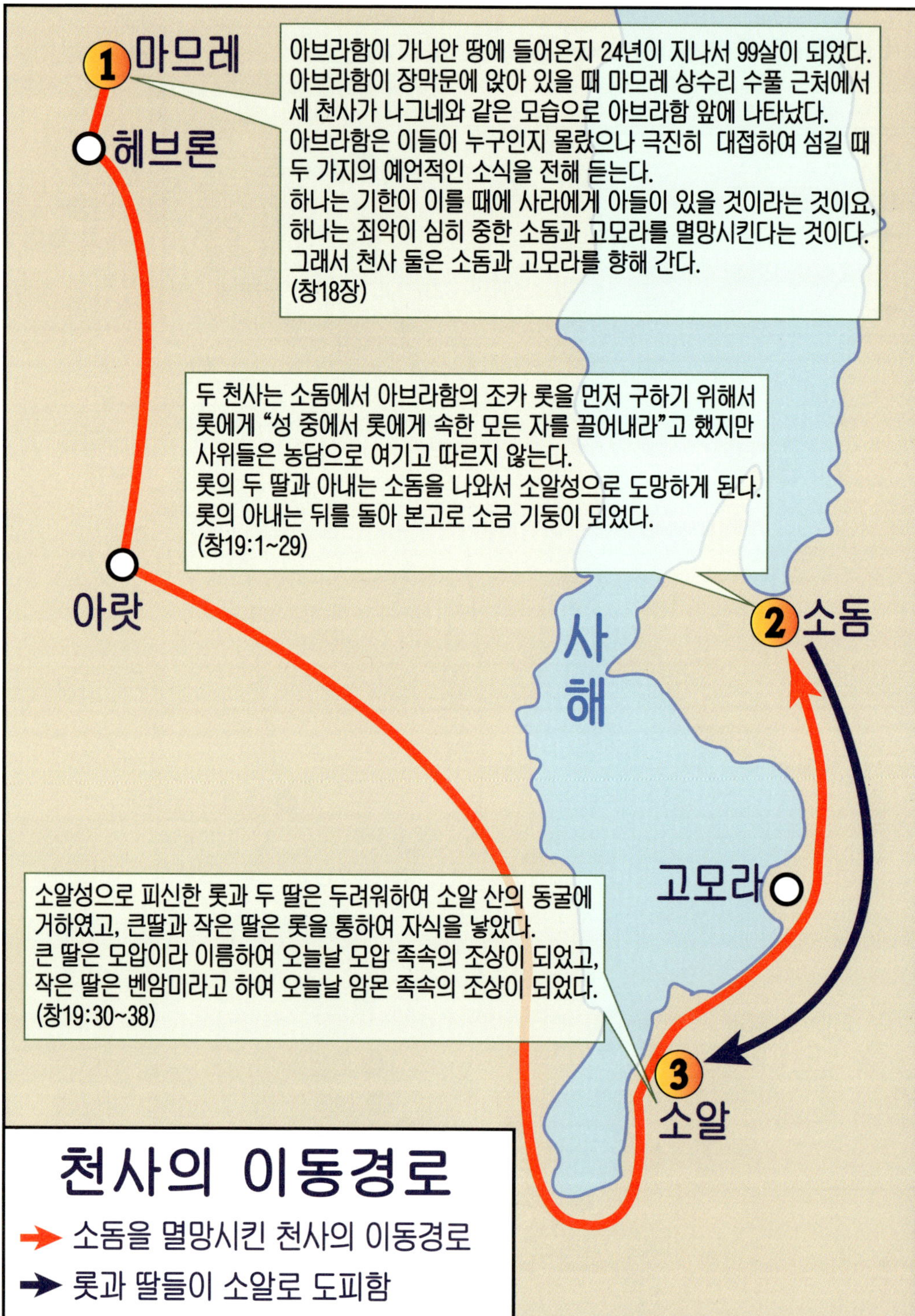
마므레
헤브론
아브라함이 가나안 땅에 들어온지 24년이 지나서 99살이 되었다.
아브라함이 장막문에 앉아 있을 때 마므레 상수리 수풀 근처에서
세 천사가 나그네와 같은 모습으로 아브라함 앞에 나타났다.
아브라함은 이들이 누구인지 몰랐으나 극진히 대접하여 섬길 때
두 가지의 예언적인 소식을 전해 듣는다.
하나는 기한이 이를 때에 사라에게 아들이 있을 것이라는 것이요,
하나는 죄악이 심히 중한 소돔과 고모라를 멸망시킨다는 것이다.
그래서 천사 둘은 소돔과 고모라를 향해 간다.
(창18장)
두 천사는 소돔에서 아브라함의 조카 롯을 먼저 구하기 위해서
롯에게 "성 중에서 롯에게 속한 모든 자를 끌어내라"고 했지만
사위들은 농담으로 여기고 따르지 않는다.
롯의 두 딸과 아내는 소돔을 나와서 소알성으로 도망하게 된다.
롯의 아내는 뒤를 돌아 본고로 소금 기둥이 되었다.
(창19:1~29)
아랏
사해
소돔
고모라
소알성으로 피신한 롯과 두 딸은 두려워하여 소알 산의 동굴에
거하였고, 큰딸과 작은 딸은 롯을 통하여 자식을 낳았다.
큰 딸은 모압이라 이름하여 오늘날 모압 족속의 조상이 되었고,
작은 딸은 벤암미라고 하여 오늘날 암몬 족속의 조상이 되었다.
(창19:30~38)
소알
천사의 이동경로
소돔을 멸망시킨 천사의 이동경로
롯과 딸들이 소알로 도피함

이삭의 이동경로

(창24장~28장)

① 하란(밧단아람)

아브라함이 종 엘리에셀을 보내서 이삭의 아내를 구함.

② 헤브론(마므레)

- 이삭이 40세에 리브가를 아내로 맞음.(창24장)
- 아브라함이 175세에 죽어 막벨라 굴에 묻힘

★ 하나님이 사라에게서 이삭이 잉태될 것을 약속하신 곳.

③ 브엘라해로이

- 아브라함이 죽자 헤브론에서 브엘라해로이로 이주.
- 이삭이 60세에 쌍둥이 아들 야곱과 에서를 낳음.

④ 그랄

- 흉년이 들자 그랄로 이동함.(창26:1)
- 블레셋 왕 아비멜렉에게 리브가를 누이라 속임.(창26:6~7)
- 이곳에서 농사를 지어 100배의 결실을 얻음.
- 우물로 인하여 그랄 목자들과 다툼이 생기자 샘 이름을 에섹(다툼)이라 함.
  두 번째 판 우물로도 다투자 싯나(대적)라고 이름함.
  세 번째 판 우물에서는 다투지 아니하므로 르호봇(장소가 넓음)이라 부름.

⑤ 브엘세바

브엘세바로 왔을 때 하나님이 이삭과 함께 하는 것을 보고 아비멜렉이 찾아와서 서로 해하지 말자는 조약을 맺음.

⑥ 헤브론(기럇아르바)

헤브론에서 죽어 막벨라 굴에 장사됨.(창35:27~28)

⑦ 막벨라

아브라함, 사라, 이삭, 리브가, 레아, 야곱이 막벨라 굴에 장사됨.

야곱의 이동경로
(창27장~35장)

① 브엘세바(창27장) * 브엘세바 : 일곱우물 또는 맹세의 우물
- 야곱이 형 에서가 받을 장자의 축복을 아버지에게서 가로챔.
- 이에 형 에서의 분노를 피해 외삼촌 라반에게로 도피함.

② 벧엘(창28:19) * 벧엘 : 하나님의 집
- 외삼촌 집으로 가는 길에 유숙하던 중 사닥다리 꿈을 꾸고 하나님의 축복의 음성을 듣고 베개로 삼았던 돌을 기둥으로 세운 후에 기름을 붓고 '벧엘'로 칭함.

③ 하란(창29장~31장)
- 외삼촌 라반이 사는 곳으로 피신하여 레아로 인해 7년, 라헬로 인해 7년, 외삼촌의 양떼로 인해 6년, 총 20년을 지내고 축적된 재산과 가족을 데리고 고향으로 떠남.

④ 미스바=길르앗(창31장) * 미스바 : 하나님이 망대에서 감찰하신다
- 야곱은 라반에게 말 없이 떠났으나 미스바까지 쫓아옴.
- 그 동안의 오해를 풀고 언약을 세움. 라헬은 드라빔을 훔쳐옴.

⑤ 마하나임(창32:2) * 마하나님 : 하나님의 군대
- 외삼촌 라반과 언약 후 길을 가는데 야곱을 만나러 온 하나님의 사자들을 보고 야곱이 '하나님의 군대'라 하며 그 땅을 '마하나임'이라 칭함.

⑥ 브니엘(창32장 후반부) * 브니엘 : 하나님의 얼굴
- 야곱이 천사와 밤새 씨름하며 천사를 놓지 않자 천사가 허리뼈를 치니 위골되었으며 '야곱'을 '이스라엘'로 부름.

⑦ 숙곳(창33:17)
- 형 에서를 만나고 돌아와 숙곳에 잠시 정착하며 집을 짓고 가축을 위한 우릿간을 짓기도 함.

⑧ 세겜(창33:18~20)
- 벧엘 근처이며 예루살렘 북쪽 70km 지점에 위치한 성읍. 야곱은 이곳에 제단을 쌓고 '엘엘로헤 이스라엘'이라 부름.

⑨ 베들레헴(창33:16~20) * 베들레헴 : 떡집
- 라헬이 막내 아들 베냐민을 낳고 장사된 곳.

⑩ 헤브론(창35:27~29) * 헤브론 : 친구 아브라함
- '마므레'이며, 아버지 이삭과 다시 상봉함.
- 이삭이 180세에 죽게 되며 야곱이 형 에서와 함께 장사지냄.

① 백성을 계수하니 장정만 60만명.
② 불기둥과 구름기둥으로 돌보심
③ 애굽 땅에서 마지막 진쳤던 곳
④ 쓴물을 마실 수 없어 목마름을 불평.
⑤ 신광야에서 메추라기와 만나를 주심.
⑥ 바위에서 물이 나옴
⑦ 아말렉과 전쟁-기도하는 모세의 팔이 내려오지 않도록 아론과 훌이 붙잡음.
⑧ 십계명, 율법, 성막설계도 받음.
⑨ 악한 말로 불평한 자들을 불로 응징하심.
⑩ 메추라기 보내고, 불평하던 자들 죽임.
⑪ 아론과 미리암이 모세를 비방.
⑫ 12명이 가나안 땅을 정탐 후 갈렙과 여호수아를 제외 불신앙
⑬ 고라, 다단, 아비람, 온이 당파 짓고 반역.
⑭ 가나안 땅 정탐 후 불신앙의 보고를 받고 백성들의 불평으로 38년 동안 광야에서 떠돎.
⑮ 미리암이 죽음.
⑯ 모세가 반석 쳐서 바위에서 물이 나옴.
⑰ 아론이 죽음.
⑱ 백성이 불평하자 불뱀을 보내 벌하심.
⑲ 모세가 가나안 땅을 바라 본 후 죽음.

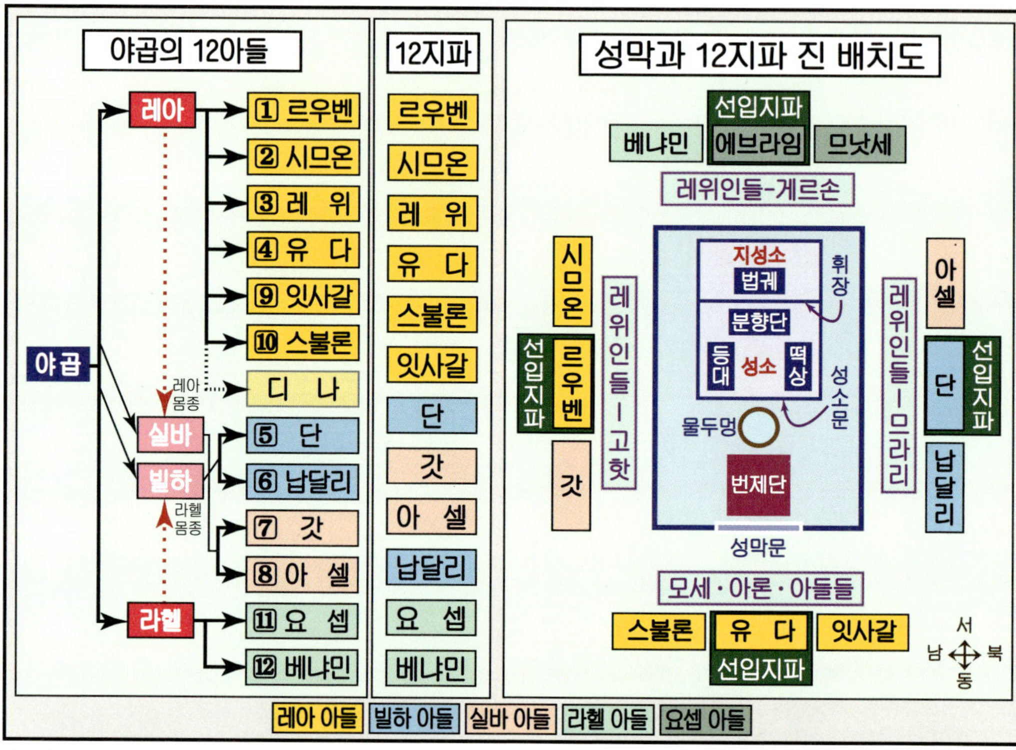

야곱의 12아들과 12지파에 대해

① 야곱은 먼저
레아를 통해 4명의 아들을 낳는다.
(창29:31~35)

② 생산하지 못하는 라헬이 몸종인 빌하를 야곱에게 주어 2명의 아들을 낳는다.
(창30:1~8)

③ 출산이 멈춘 줄 알았던 레아는 몸종 실바를 야곱에게 주어 2명의 아들을 낳게 하고 이름까지 지어준다.(창30:9~13)

④ 그 이후 레아는 2명의 아들과 1명의 딸을 더 출산한다.(창30:14~21)

⑤ 라헬을 통해 11번째 아들 요셉이 태어나고,
(창30:22~24)
12번째 아들인 베냐민이 태어난다.
(창35:16~21)

⑥ 야곱의 12아들은 12지파의 기초가 되며, 창29장은 12지파를 최초로 언급한다.

12지파의 진 배치 및 행진에 대해

① 민수기2장은 이스라엘 각 지파의 진영 배치와 행진 순서에 대해 기록되었다.

② 성막 주변에 진을 칠 때와 행진 순서는 창세기49장 12지파 명단과 차이가 있다.

③ 진영은 1대 유다 군단, 2대 르우벤 군단, 3대 에브라임 군단, 4대 단 군단으로서 총 4대의 진영으로 배치되었다.

④ 행진할 땐 동쪽 유다군단이 선봉역할을, 북쪽 단군단은 후방의 수비를 담당했다.

⑤ 2대 르우벤군단은 뒤에 따라오는 성막과 성막을 관리하는 레위지파를 보호했다.

⑥ 성막은 레위의 진영과 함께 중앙에 두었다.

⑦ 하나님은 성막중심으로 진을 치게 하셨고 행진도 성막보호를 위해 가운데 두었다.

⑧ 하나님께서는 질서를 위해 위치와 순서를 철저히 지키게 하셨다.

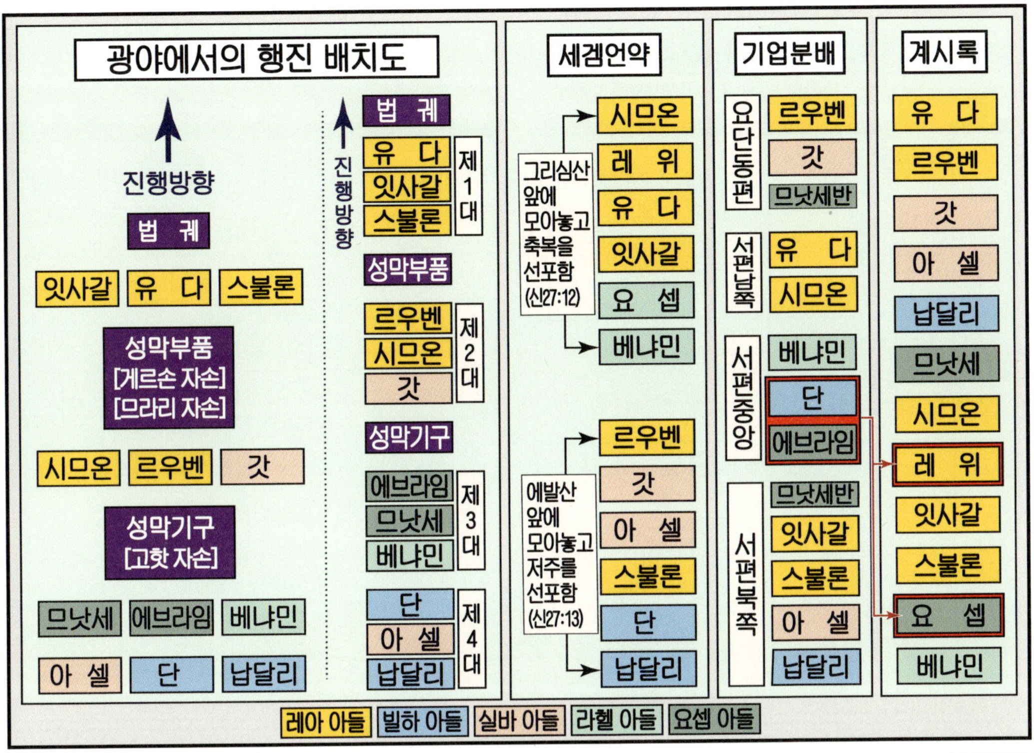

세겜언약에 대해

① 세겜은 하나님이 아브라함에게 가나안 땅을 주시겠다고 약속한 땅이며, 야곱의 딸 디나가 비극을 당한 곳으로 축복과 저주가 함께 했던 땅이다.

② 여호수아는 아이성 전투 후 에발산에 올라 율법을 돌판에 기록하며 백성들과 함께 읽었다.

③ 축복의 선포를 위해 그리심산에 6지파가 모였다.(신27:12~13)

④ 저주의 선포를 위해 에발산에 6지파가 모였다.신27:13)

기업분배에 대해

① 땅 분배는 광야에서 행진 때의 지파 명단으로 분배를 받는다.

② 레위지파는 기업을 받지 않기에 기업의 명단에서 제외되었다.

③ 레위지파를 제외한 11개 지파가 12개의 기업을 나누어야 한다.

④ 장자의 권리는 다른 자녀보다 두 배의 기업을 받는다.

⑤ 미움을 받는 자의 아들을 장자로 인정하여 자기 소유의 두 몫을 준다(신21:17)고 했다.

⑥ 부친의 첩 빌하를 범한 르우벤은 장자의 권리를 박탈당했다. 형제들의 미움을 받던 요셉은 그 아들 에브라임과 므낫세로 두 개의 기업을 받게 된다. (대상5:1;수14:4)

계시록의 지파에 대해

① 성경에서 단에 대한 불길한 징조를 예언했다. (창49:16~18,렘8:16~17)

② 단지파는 땅을 정복할 때 평화롭게 살고 있는, 분배 받지 않은 라이스를 공격했다.(삿18:1~12)

③ 우상숭배하는 레위인을 단지파의 제사장으로 세워 하나님께 범죄했다. (삿18:17~30)

④ 단지파는 이스라엘에게 우상숭배의 빌미를 만들었다.(왕상12:25~29)

⑤ 결국 단지파는 사라졌다.

⑥ 계시록에서 단지파 대신 레위지파가 들어갔다.

⑦ 에브라임지파는 본래의 요셉지파로 대체하였다.

이스라엘의 절기

절기	7대 절기	절기의 안식일
유월절	1.유월절 (1월14일) 2.무교절 3.초실절 (1월16일)	1.무교절 첫날 (1월15일) 2.무교절 끝날 (1월21일)
오순절	4.오순절 (칠칠절) (맥추절)	3.오순절 (3월6일)
초막절	5.나팔절 6.대속죄일 7.초막절 (장막절) (추수절)	4.나팔절 (7월1일) 5.대속죄일 (7월10일) 6.초막절 첫날 (7월15일) 7.초막절 끝날 (7월22일)

이스라엘의 제사의 종류

종류	성격	제사의 목적과 의미	방법
번제	자원 의무	·속죄를 위한 예수의 고난과 죽으심 ·자신을 드리는 희생	·화제 ·전제
소제	자원	·내 자신이 가루되어 하나님께 충성 고백 ·번제 때 함께 드림	·화제 ·전제
화목제	자원	·감사제:당일에 제물 먹음 ·서원제:이튿날까지 먹음 ·자원제:이튿날까지 먹음	·화제 ·요제 ·거제 ·전제
속죄제	의무	·율법을 범한 죄 회개 ·고의성 없는 죄 회개 ·무의식적인 죄 회개	·화제
속건제	의무	·성물을 범한 죄 회개 ·남의 물건 범한 죄 회개 ·본물에 1/5까지 배상	·화제 ·요제

대제사장의 예복과 명칭

흉패에 물릴 보석과 우림과 둠밈

스불론 녹주옥	잇사갈 황옥	유다 홍보석
갓 홍마노	시므온 남보석	르우벤 석류석
베냐민 자수정	므낫세 백마노	에브라임 호박
납달리 백옥	아셀 호마노	단 녹보석

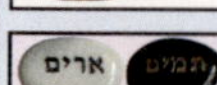

우림 둠밈

우림은 빛, 둠밈은 완전을 뜻한다.
우림과 둠밈은 양면이 다른색이다.
대제사장은 판결할 때 하나님께 가부를 물으며 흉패에 넣어둔 우림과 둠밈을 꺼내서 보는데 둘 다 흰색 면이면 Yes, 둘 다 흑색 면이면 No, 두 개의 면이 엇갈리게 나오면 보류한다.
"우림"은 첫글자 '알레프(א)'로 시작하고,
"둠밈"은 끝글자 '타 우(ת)'로 시작한다.

번제단에서 제물을 잡는 순서

① 흠이 없는 제물을 번제단까지 가지고 온다.
제사를 드릴 당사자가 직접 흠 없는 제물을 가지고 번제단으로 나아온다.

② 제물의 머리에 안수를 한다.
제사를 드릴 당사자가 흠이 없는 제물을 가지고 번제단으로 나아왔을 때
제사장은 번제단 오른편 뿔에 제물을 묶는다.
레위기1:4에 의하면 안수할 때 열납되어 안수한 사람의 죄가 속죄된다고 했다.
안수의 의미는 나의 죄를 제물에게 전가시키는 것이기 때문에
죄인이 직접 제물의 머리에 안수를 하면서 자기 죄를 고백한다.
그러므로 안수는 제사장이 아닌 죄인이 하는 것이다.

③ 제물을 잡는다.
죄인은 짐승의 머리에 안수하여 자기의 죄를 전가시킨 후 제물을 잡는다.
그렇다면 제물된 짐승을 잡을 때 남자만 잡아야 할까?
죄와 관련되지 않는 제사는 여자가 드릴 수가 없지만
죄와 관련된 제사만큼은 여자라도 본인이 직접 드리게 되어 있다.
죄인이 제물을 잡을 때
미간을 찌르거나, 목에 있는 동맥 끊거나, 심장을 찔러 죽이는데,
누구도 대신해 주지 않는다.
짐승을 잡는 제사는 신비로운 것이 아니라 끔찍하고 잔인한 피의 현장이다.

④ 제물의 가죽을 벗긴다.
죽어 있는 제물의 가죽도 제사장이 아닌 죄인이 직접 가죽을 벗긴다.

⑤ 각을 뜬다.
각을 뜬다는 말은 히브리어성경에서 "모든 마디를 분리시킨다"라고 되어 있다.
앞다리, 뒷다리, 꼬리를 분리시키고,
레위기1:8에 "뜬 각과 머리와"로 구분되어 있기에 머리와 몸을 분리시킨다.
역시 각을 뜨는 것도 제사장이 대신해 주지 않기에 직접 각을 떠야 한다.

⑥ 제물을 제단 위에 태운다.
각을 뜨고 난 후 비로소 제사장이 제물을 번제단에 올려놓고 불에 태운다.

번제단에서 제물을 잡는 비참하고 참혹한 현장은
이사야 선지자를 통해서 예언하신 대로 장차 오실 예수 그리스도께서
찔리실 현장이요, 상하실 현장이요, 징계 받으실 현장이요, 채찍에 맞으실 현장이요,
그리고 잔인하게 십자가에 죽으실 현장인 것이다.
바로 인류의 죄를 해결하시기 위하여 제물 되신 예수의 징벌의 현장인 것이다.

아브라함에게 주시기로 약속한 땅 (창15:18-21)

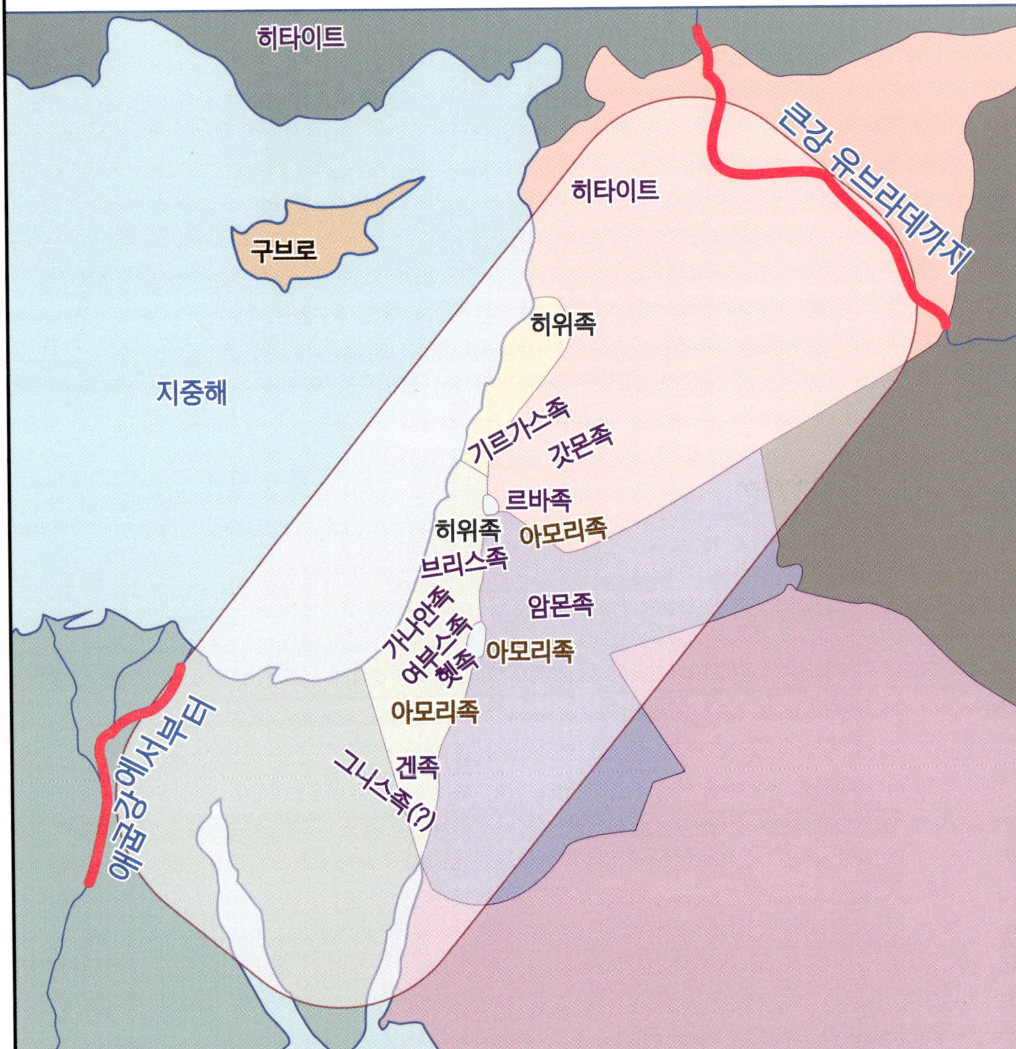

아브라함은 하나님께 번제를 드렸으나 새는 쪼개지 않은 고로 솔개가 사체 위에 내렸고,
하나님은 아브라함의 자손이 이방에서 400년 간 고난 후 큰 재물을 갖고 나온다고 했다.
하나님이 아브라함과 언약을 세우시면서 아브라함의 자손에게 주기로 약속한 땅의 범위는 애굽 강에서부터 큰 강 유브라데강까지(창15:14-21, 신11:8-25)이다.
그 땅은 겐 족속, 그니스 족속, 갓몬 족속, 헷 족속, 브리스 족속, 르바 족속, 아모리 족속, 가나안 족속, 기르가스 족속, 여부스 족속의 땅이다.
이스라엘은 애굽에서 400년의 종살이 후 가나안 땅에 들어감으로 약속이 성취되었으나, 여호수아는 약속된 땅을 모두 정복하지 못하고 죽었다.
그러다가 아브라함에게 약속한지 1000년이 지난 후 다윗 왕을 통해 그 약속이 성취된다.

가나안 땅 일곱족속에 대하여

족속이름	내 용
가나안	가나안 땅에 거했던 일곱족속 전체를 말하기도 하지만 그 중 한 족속인 가나안 족속을 의미하기도 한다. 그들은 주로 무역에 종사했기에 고대세계에서 가나안이라 하면 '상인'을 의미하는 말과도 같았다.
기르가스	기르가스 족속은 가나안의 후손 중 가장 소수의 족속이다. 요단서편에 살다가 이스라엘에 의해서 쫓겨났고, 그 후에는 주변 여러 족속들에게 흡수된 것으로 보인다.
브리스	아브라함 때부터 가나안 땅의 외곽지대나 산간지역에 지냈으며, 정복전쟁 후 일부 남아 있다가 유다족속에게 많은 수가 죽임을 당했고, 후에 솔로몬이 노예로 삼았다(대하 8:7-8). 이들은 이스라엘의 바벨론 포로 귀환시까지 종족으로서의 명맥을 유지했다(스9:1).
아모리	요단강 동편 아모리족(시혼,옥)은 이스라엘의 가나안 입성 전 진멸당하고 이들의 땅이 3개 지파(르우벤,갓,므낫세)에게 먼저 분배되었다. 여호수아가 가나안 내부의 아모리 족속 다섯왕을 무찔렀으나 완전히 진멸되지는 않았다. (다섯 왕 : 예루살렘왕, 헤브론왕, 야르뭇왕, 라기스왕, 에글론왕) 아모리족이 섬기던 바알과 아세라 우상이 이스라엘에 들어오게 되었다. 아합(왕상21:26)과 므낫세(왕하21:11)가 아모리인들의 우상숭배를 따라했다는 언급과 아합과 므낫세가 숭배한 우상이 바알과 아세라였다(왕상15:31-33,왕하21:2-7)는 것을 종합했을 때 아모리족속의 우상이 바알과 아세라인 것으로 이해할 수 있다.
여부스	예루살렘 지역에 거했던 족속으로, 다윗 왕 때 이 땅을 정복했다. 솔로몬이 성전 건축 때 여부스 족속에게 부역을 시켰다(왕상9:20-21).
헷	아브라함이 사라를 위해 헷족속에게 막벨라 지역을 사서 굴에 장사했다. 이스라엘은 헷족속을 완전히 진멸시키지 못하고 그들과 통혼하였다.
히위	여호수아를 속여서 화친을 맺고 이스라엘의 종이 되었다.

가나안 땅 일곱족속과 그 외 종족

가나안 땅 일곱족속 외 주요 종족

족속이름	내 용
아말렉	· 아말렉은 하나님을 두려워하지 아니하고, 출애굽한 이스라엘 백성들을 이유 없이 치고 노략질했다(출17장). · 그로 인하여 하나님은 아말렉을 진멸하실 것을 말씀하셨다(신25:19). · 사울 왕은 불순종하여 아말렉 왕 아각을 진멸하지 않았다(삼상15장). · 다윗이 사울을 피해 블레셋 시글락에 거할 때 시글락을 약탈한 아말렉을 다윗이 쫓아가서 승리하여 약탈당한 물건을 다시 찾았다(삼상30장). · 바사 때 아각 왕의 후손인 하만이 유대인을 전멸시킬 궤계를 부렸으나 모르드개와 에스더로 인하여 실패하였다.
블레셋	· 발달된 철제 무기를 사용하여 이스라엘을 꾸준히 괴롭혔다. · 삼손이 블레셋을 대적했으나, 두 눈이 뽑힌 채로 산당을 무너뜨렸다. · 엘리의 두 아들이 블레셋과의 아벡 전투에서 죽고, 법궤까지 빼앗겼다. · 사무엘이 하나님으로 승리한 후 그곳을 에벤에셀이라 했다(미스바전투). · 사울 왕 초기에 사울 왕의 아들 요나단이 블레셋을 이겼다. · 다윗이 물매 돌로 블레셋 장군 골리앗을 이겼다. · 다윗이 광야에서 도피생활을 하던 중 잠시 동안 블레셋에서 활동했다. · 악행을 저지른 남유다 아하스 왕 시대에 블레셋이 노략했다.
암몬 모압	· 아브라함의 조카인 롯의 두 딸들을 통해 얻은 자손들이다. · 가나안 입성 전 요단 동편에 있을 때 모압이 발람사건을 통해 충돌했으나 이때는 하나님께서 모압 족속을 살려두셨으며 전쟁은 하지 않았다. · 모압왕 발락은 이스라엘에게 제사한 음식을 먹게 하고, 음행하게 했다. · 나오미가 기근을 피해 모압에 갔으나 남편과 두 아들을 잃고 모압 여자인 며느리 룻과 함께 가나안으로 돌아왔다. · 사울, 다윗, 솔로몬은 암몬과 모압을 대적하여 승리했다. · 이스라엘이 이들과 전쟁하는 동안 다윗이 밧세바를 범하는 죄를 졌다. · 솔로몬은 암몬과 모압 여인을 아내로 맞이했고 이들의 신을 숭배했다. · 분열왕국 시대에 암몬과 모압이 남북왕국을 자주 대적했다. · 바벨론 포로귀환 당시에 스룹바벨의 성전 재건을 방해했다. · 암몬과 모압은 멸망할 것으로 예언되었다(렘48장, 겔25장, 암1~2장)
에돔	· 에서의 자손으로 이스라엘 백성들이 가나안 입성을 위해서 행군할 때 길을 내주지 않았으나 하나님은 살려주셨으며 전쟁은 하지 않았다 .
아람	· 셈의 아들이 아람이며, 아람 사람의 조상이 되었고, 시리아로 불린다. · 북이스라엘과 자주 부딪혔으며, 중동지역에서는 아람어를 사용했다 .

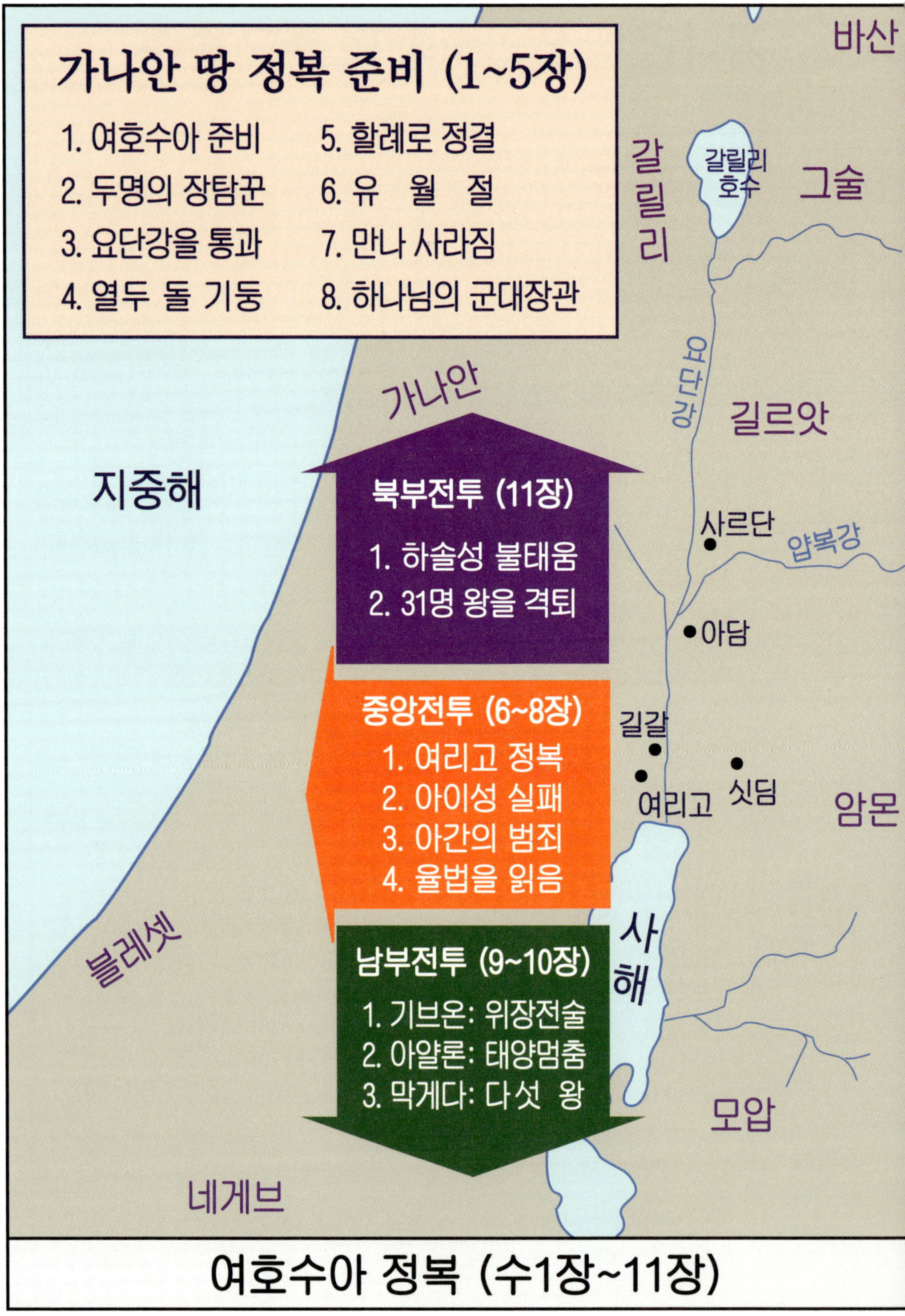

여호수아 정복 (수1장~11장)

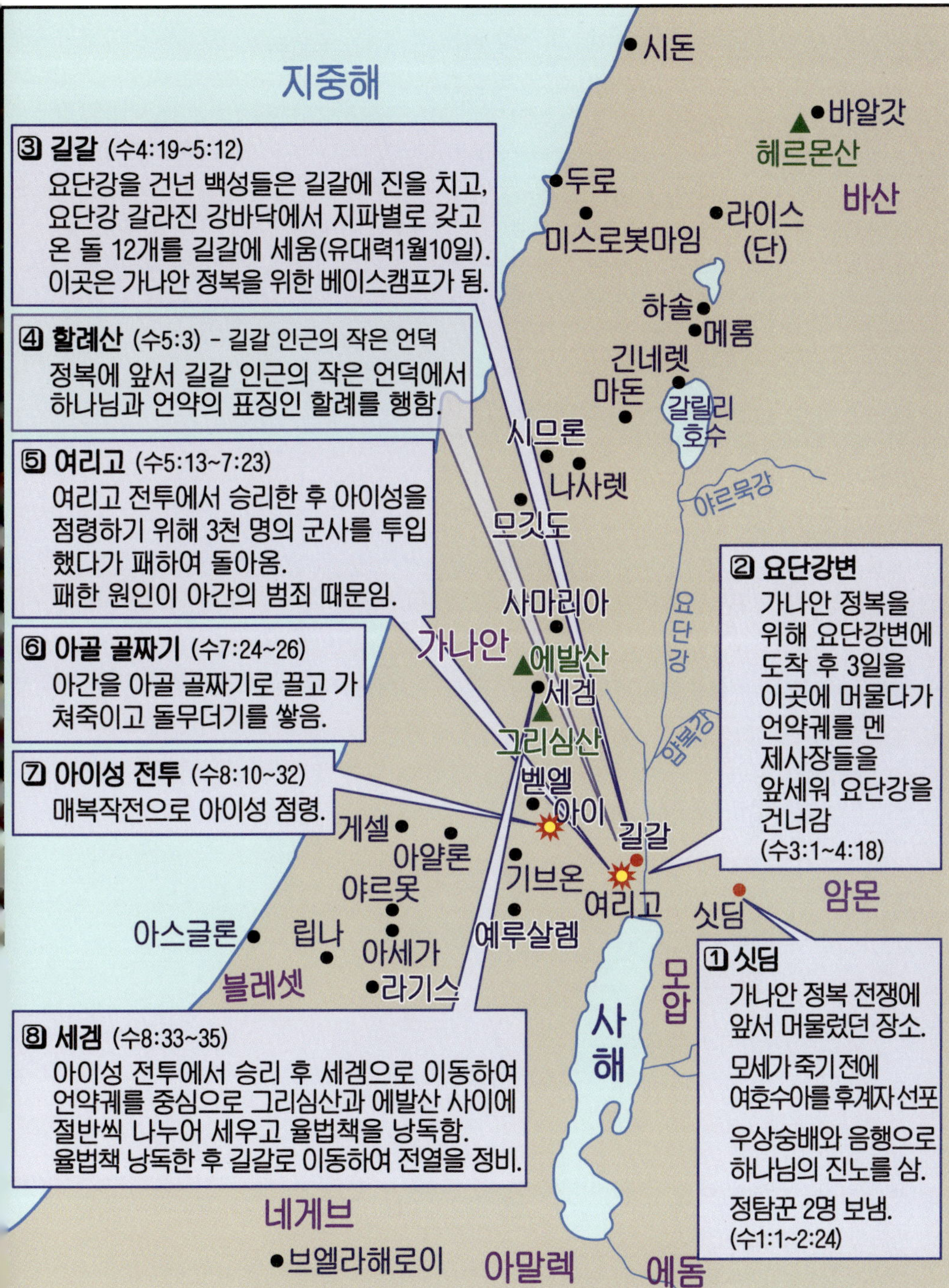
지중해
시돈
바알갓
헤르몬산
바산
두로
미스로봇마임
라이스 (단)
하솔
메롬
긴네렛
마돈
갈릴리 호수
시므론
나사렛
야르묵강
므깃도
사마리아
요단강
가나안
에발산
세겜
그리심산
얍복강
벧엘
아이
길갈
게셀
아얄론
기브온
여리고
야르뭇
싯딤
암몬
아스글론
립나
아세가
예루살렘
블레셋
라기스
모압
사해
네게브
브엘라해로이
아말렉
에돔
③ 길갈 (수4:19~5:12)
요단강을 건넌 백성들은 길갈에 진을 치고, 요단강 갈라진 강바닥에서 지파별로 갖고 온 돌 12개를 길갈에 세움(유대력1월10일). 이곳은 가나안 정복을 위한 베이스캠프가 됨.
④ 할례산 (수5:3) - 길갈 인근의 작은 언덕
정복에 앞서 길갈 인근의 작은 언덕에서 하나님과 언약의 표징인 할례를 행함.
⑤ 여리고 (수5:13~7:23)
여리고 전투에서 승리한 후 아이성을 점령하기 위해 3천 명의 군사를 투입 했다가 패하여 돌아옴.
패한 원인이 아간의 범죄 때문임.
⑥ 아골 골짜기 (수7:24~26)
아간을 아골 골짜기로 끌고 가 쳐죽이고 돌무더기를 쌓음.
⑦ 아이성 전투 (수8:10~32)
매복작전으로 아이성 점령.
⑧ 세겜 (수8:33~35)
아이성 전투에서 승리 후 세겜으로 이동하여 언약궤를 중심으로 그리심산과 에발산 사이에 절반씩 나누어 세우고 율법책을 낭독함.
율법책 낭독한 후 길갈로 이동하여 전열을 정비.
② 요단강변
가나안 정복을 위해 요단강변에 도착 후 3일을 이곳에 머물다가 언약궤를 멘 제사장들을 앞세워 요단강을 건너감
(수3:1~4:18)
① 싯딤
가나안 정복 전쟁에 앞서 머물렀던 장소.
모세가 죽기 전에 여호수아를 후계자 선포
우상숭배와 음행으로 하나님의 진노를 삼.
정탐꾼 2명 보냄.
(수1:1~2:24)

여리고성과 아이성 전투

⑦ 가나안 남부가 점령이 되었다는 소식을 들은 북부 왕들은 연합군을 구성하여 메롬 물가에 진을 쳤으나 여호수아와 그 군대가 진격하여 연합군을 물리친다.(수11:7)
② 항복한 기브온이 정복할 민족임을 후에 알았지만 하나님 앞에서 맺은 조약이기에 항복을 받아들이게 되고, 항복한 성읍인 기브아, 그비라, 브에롯, 기랏여아림을 둘러 본 후 길갈로 돌아왔다. (수9:17.10:9)
③ 아모리 족속의 다섯왕 예루살렘, 헤브론, 야르뭇, 라기스, 에글론 왕이 배신한 기브온을 공격하자 이를 도와주려고 이스라엘 군대가 기브온으로 올라가서 다섯왕의 군대와 싸우는데 벧호론 비탈을 타고 아세가와 막게다까지 쫓아가서 패퇴시킴. (수10:10~14) 아세가까지 가는 동안 하나님께서 우박을 내리셔서 물리치심.
④ 전쟁이 끝날 때까지 태양이 멈춤. 길갈로 돌아옴. 패한 다섯왕은 막게다 동굴로 피신. (수10:15~28)
⑤ 막게다 동굴에 숨은 다섯 왕을 사로잡아 죽임.(수10:18~28) 립나로 이동하여 한 명도 남김 없이 진멸(수10:29~30)한 후 라기스로 이동. 호람군대와 함께 라기스를 완전히 진멸시킴.(수10:31~35)
⑥ 라기스에서 에글론 → 헤브론 → 드빌로 이동을 하면서 차례로 승리를 거둔 후에 베이스캠프인 길갈로 돌아옴.(수10:36~43)
① 율법책 낭독후 길갈로 내려와 전열 정비. 기브온 주민들이 길갈에 있는 여호수아에 항복 (수9:6~15)
⑧ 하솔 왕을 죽이고, 도시를 불 태우고, 성을 점령했다. (수11:10~11)
시돈
바알갓
헤르몬산
두로
바산
라이스 (단)
미스로봇마임
하솔
메롬물가
메롬
마돈
긴네렛
갈릴리 호수
악삽
시므론
나사렛
므깃도
야르묵강
길르앗라못
길르앗
사마리아
가나안
요단강
에발산
세겜
브니엘
그리심산
얍복강
벧엘
벧호론
게셀
아이
아얄론
길갈
기브온
랍바(암몬)
야르뭇
여리고
헤스본
암몬
싯딤
지중해
아스글론
예루살렘
아세가
립나
라기스
블레셋
모압
헤브론
가사
에글론
막게다
염해 (사해)
아르논강
드빌
아납
가나안 점령지 및 정복하지 못한 땅
가나안 남부 점령
가나안 북부 점령
정복하지 못한 땅

12지파의 가나안 땅 분배

사사들의 활동

사사	출신	압제자	압제 기간	활동내역	사사 기간
옷니엘 (3:9~11)	유다 지파 그나스의 아들, 갈렙의 동생	구산리사다임 (메소보타미아)	8년	· 메소보타미아 왕 구산리사다임으로부터 이스라엘을 구출함.	40년
에훗 (3:12~30)	베냐민 지파 게라의 아들	에글론 (모압)	18년	· 왼손잡이 · 모압 왕 에글론에게 조공을 바치러 갈 때 칼을 숨기고 들어가 에글론을 암살함.	80년
삼갈 (3:31)	아낫의 아들	(블레셋)		· 소를 모는 가시채로 블레셋인 600명을 죽임.	10년
드보라 (4:4~5:31)	에브라임 지파	야빈 (가나안)	20년	· 여(女) 대예언자이며 재판관이 됨. · 철병거 900대를 거느린 야빈과 그의 군대대장 시스라를 물리침. (바락과 야엘의 활약)	40년
(바락)				· 드보라의 명을 받고 드보라와 함께 시스라를 물리침.	
기드온 (6:11~8:35)	므낫세 지파	오렙, 스엡, 세바, 살문나 (미디안, 아말렉, 동쪽 자손)	7년	· 군인 사사 · 주의 천사의 방문과 소명에 대한 확인 (불의 표적/ 양털 뭉치) · 하나님께서 추려 주신 300명으로 미디안군을 격파.	40년
(아비멜렉)				· 기드온과 세겜의 첩 사이에서 낳은 아들로, 형제 70명을 살육하고 스스로 왕이 되었으나, 결국 여인의 맷돌에 맞아 사망함.	(3년)

사사들의 활동

사사	출신	압제자	압제 기간	활동내역	사사 기간
돌라 (10:1~2)	잇사갈 지파 도도의 손자			· 23년간 평화를 유지함.	23년
야일 (10:3~5)	므낫세 지파 (길르앗 출신)			· 아들 30과 30성읍을 둠. · 22년간 평화를 유지함.	22년
입다 (11:1~12:7)	갓 지파 (길르앗 출신)	(블레셋, 암몬)	18년	· 길르앗과 기생 사이에서 낳은 아들. · 길르앗 사람들에 의해 암몬을 물리칠 대장으로 추대되어 전쟁에 승리하고, 서원으로 인해 무남독녀 외딸을 번제로 드림.	6년
입산 (12:8~10)	유다 지파 (베들레헴 출신)			· 7년 동안 평화를 유지함. · 아들 딸 각각 30명을 두었고, 아들을 위해 타국 여자 30명을 데려왔고, 딸 30명을 타국으로 시집 보냄.	7년
엘론 (12:11~12)	스불론 지파			· 10년 동안 평화를 유지함.	10년
압돈 (12:13~15)	에브라임 지파			· 아들30. 손자30명이 70필의 나귀를 탔다는 기록이 있음. · 8년 동안 평화를 유지함.	8년
삼손 (13:2~16:31)	단 지파	(블레셋)	40년	· 군인 사사 · 사자를 맨 손으로 찢어 죽임. · 나귀 턱뼈로 천 명을 죽임. · 나실인이었지만 성결한 삶을 살지 못했고, 블레셋에 매수된 들릴라로 머리가 깎이고 비참히 죽음.	20년

사사기서는 여호수아가 이스라엘 백성을 가나안 땅으로 인도하고 죽은 후부터 사무엘 선지자까지 약 400년 동안의 내용을 담고 있다.
사사기서는 이스라엘이 하나님께 악을 행했다는 것이 반복되는데, 하나님은 이런 이스라엘 백성을 그때마다 대적의 손에 붙이셨다. 그리고 이스라엘이 고통 가운데 하나님께 부르짖을 때마다 사사를 세우셔서 구원하셨다. 곧 사사기서의 특징은 이스라엘 백성의 배반과, 이같은 이스라엘에 대한 하나님의 징계하심과 회개하고 부르짖을 때 회복 시키시는 역사가 오랫 동안에 되풀이 되었다는 것이다.

B.C.	사사	성경
1377 ~1337	옷니엘	3:7~11
1319 ~1239	에훗	3:12~30
1260 ~1250	삼갈	3:31
1239 ~1199	드보라/바락	4:1~5:31
1192 ~1152	기드온	6:1~8:35
1149 ~1126	돌라	10:1~2
1126 ~1104	야일	10:3~5
1086 ~1080	입다	11:1~12:7
1080 ~1072	입산	12:8~10
1072 ~1062	엘론	12:11~12
1062 ~1055	압돈	12:13~15
1075 ~1055	삼손	13:1~16:31

사사들의 장소와 시대

사사 에훗의 활약 (삿 3:12~30)

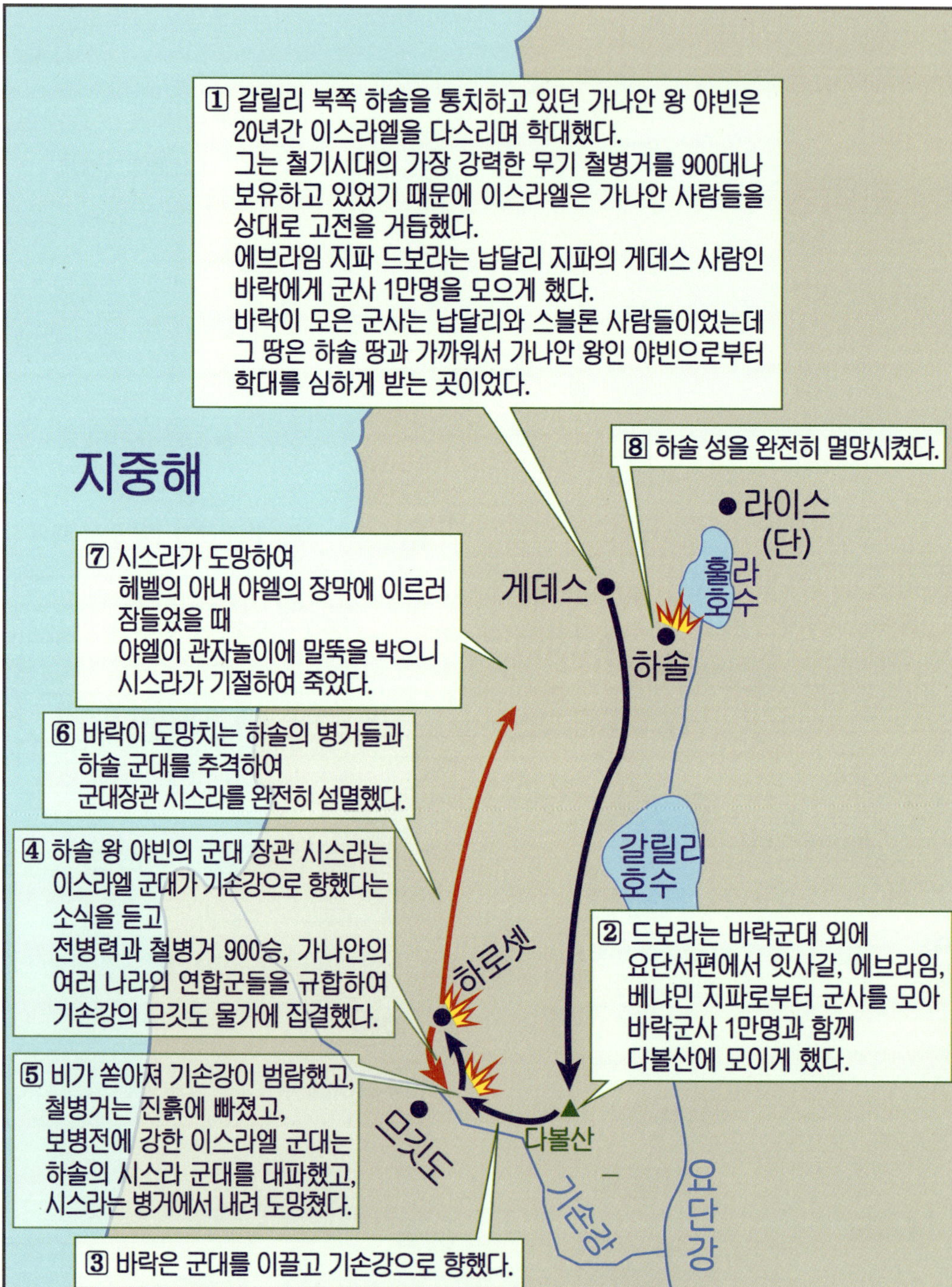

사사 드보라의 활약 (삿4장1~24)

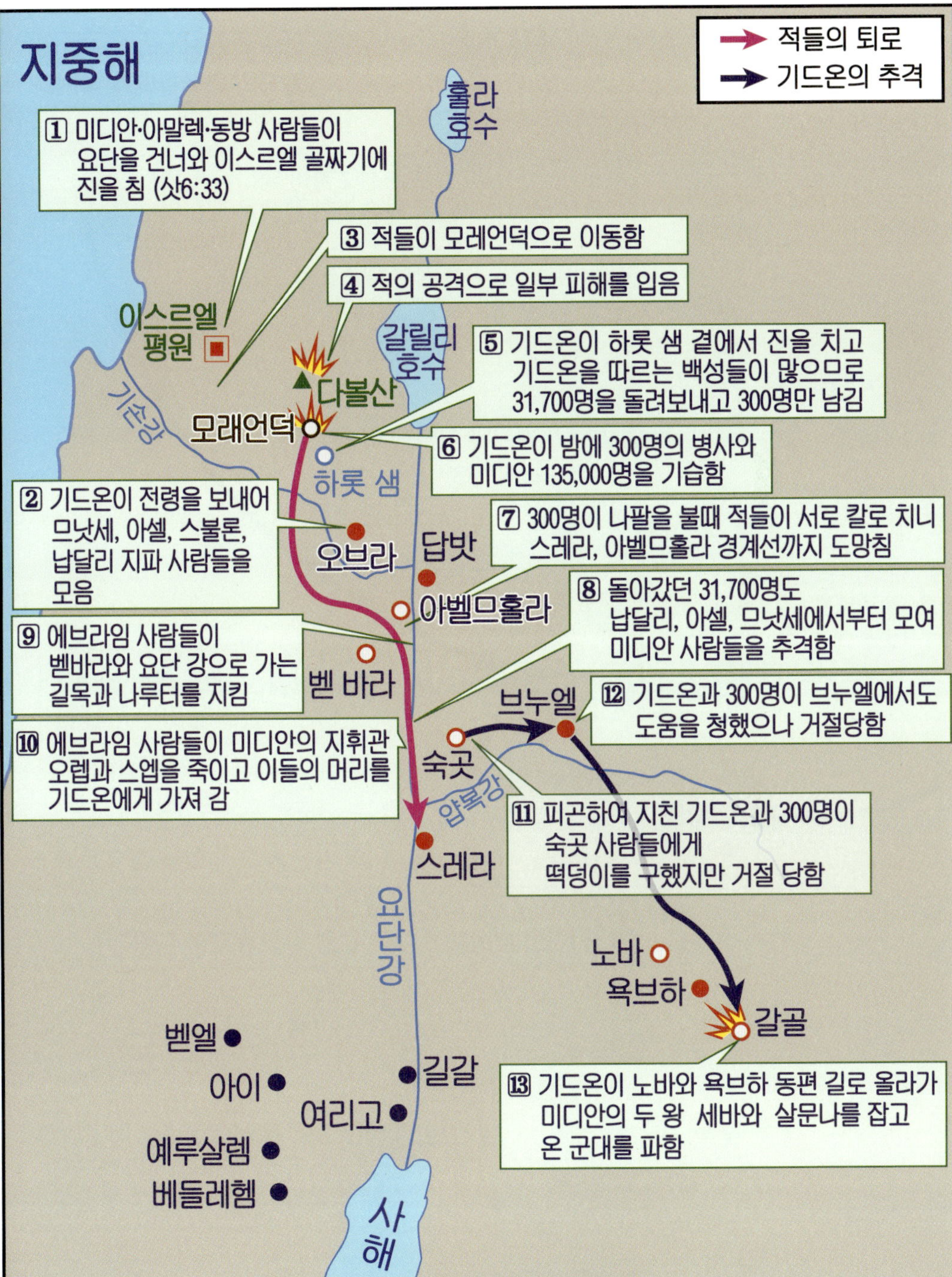

사사 기드온의 활약

(삿 6:33~40, 8:1~17)

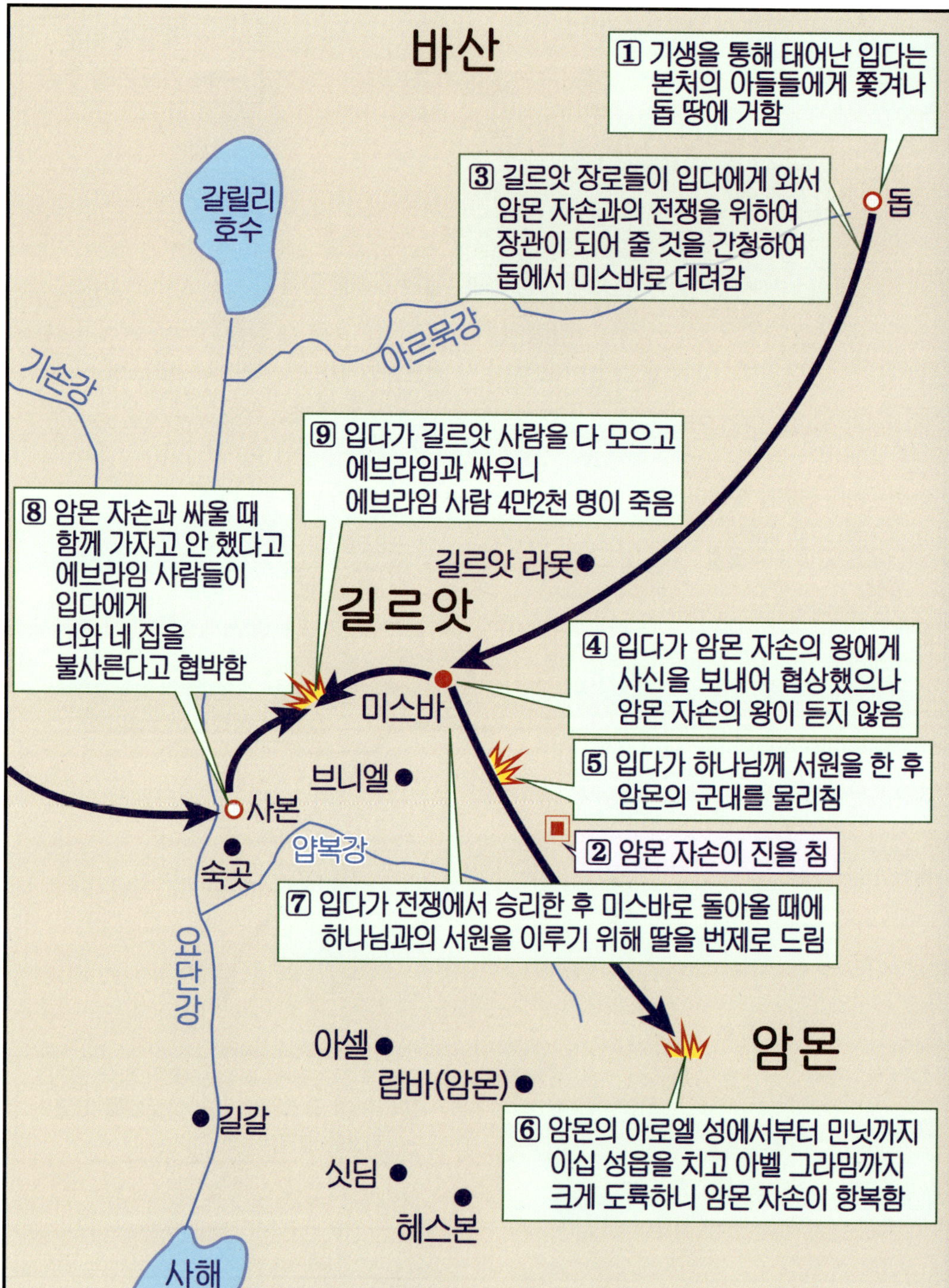

사사 입다의 활약 (삿11장, 12:1~7)

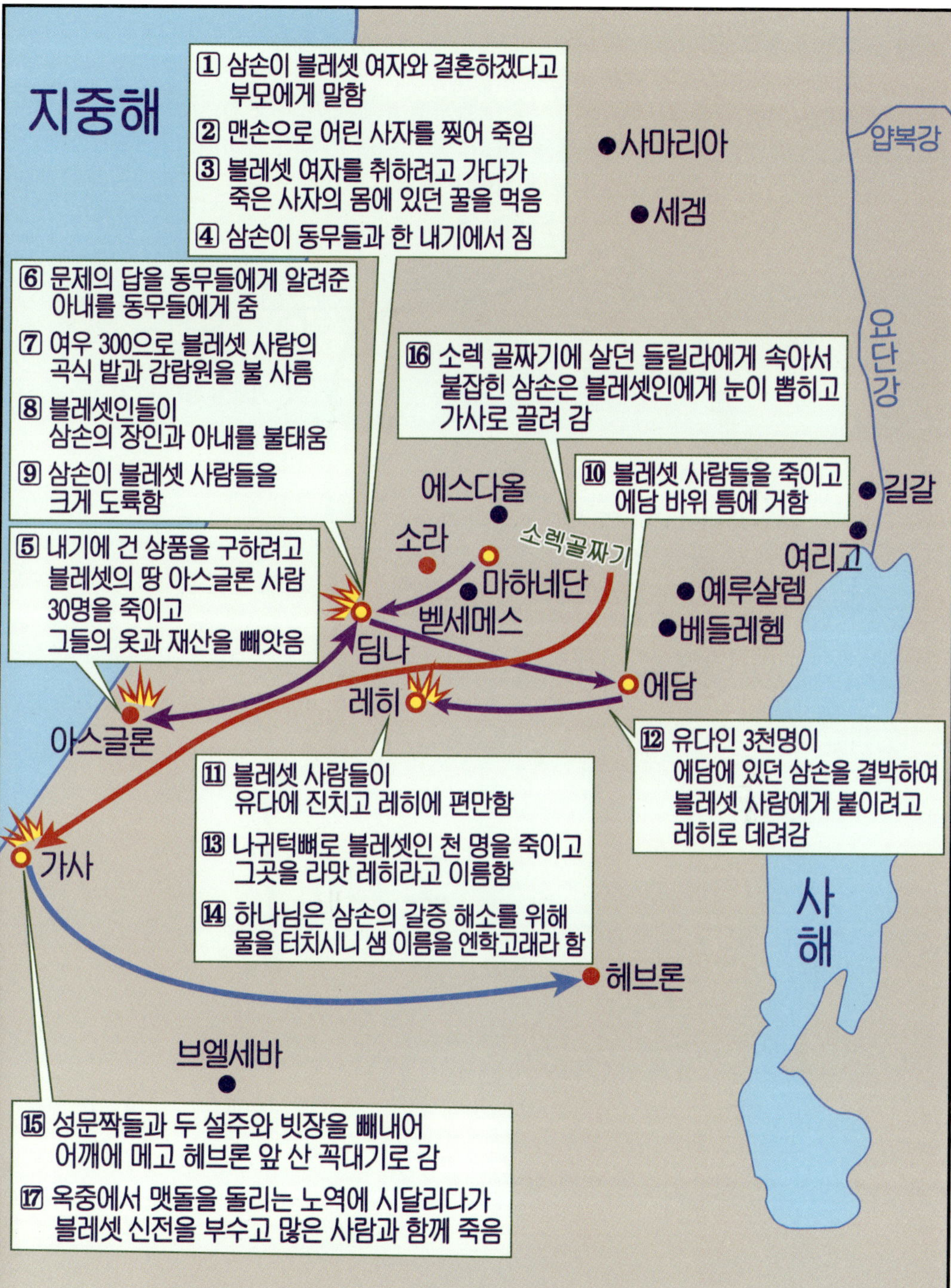

사사 삼손의 행적 (삿14장~16장)

③ 나오미와 룻은 보리 추수가 시작될 무렵 베들레헴에 도착함.
그 후 룻은 엘리멜렉의 친척 보아스의 밭에서 이삭을 줍다가 보아스의 눈에 띔.
나오미는 기업 무를 자로서 보아스를 생각하고 룻을 보아스의 침소에 들게 함.
보아스는 적법한 절차를 통해 룻을 아내로 맞이하여 다윗의 할아버지가 되는
오벳을 낳게 되고, 예수님의 족보에 기록이 됨.
여리고
헤스론
브솔
예루살렘
메드바
베들레헴
① 나오미와 그 남편 엘리멜렉은 에브랏,
즉 에브라다 사람임.
에브라다는 베들레헴의 과거 이름임.
훗날 다윗이 베들레헴에서 나고 자란
배경의 시작은 이때부터다.
디본
헤브론
사
해
아르논강
아로엘
모압
② 사사시대 어느 시기에 흉년이 들어서
나오미는 남편 엘리멜렉과 두 아들을
데리고 모압 땅으로 갔다.
모압에 거하는 10년 동안 그 남편과
아들 둘이 모두 죽게 되자 과부가 된
나오미는 며느리 모두 친정에 보내고
혼자 고향으로 돌아가려 했지만 룻은
끝까지 시어머니 나오미 곁에 남아서
나오미와 함께 한다.
모압 도시
길하레셋
호로나임
룻과 나오미의 이동경로

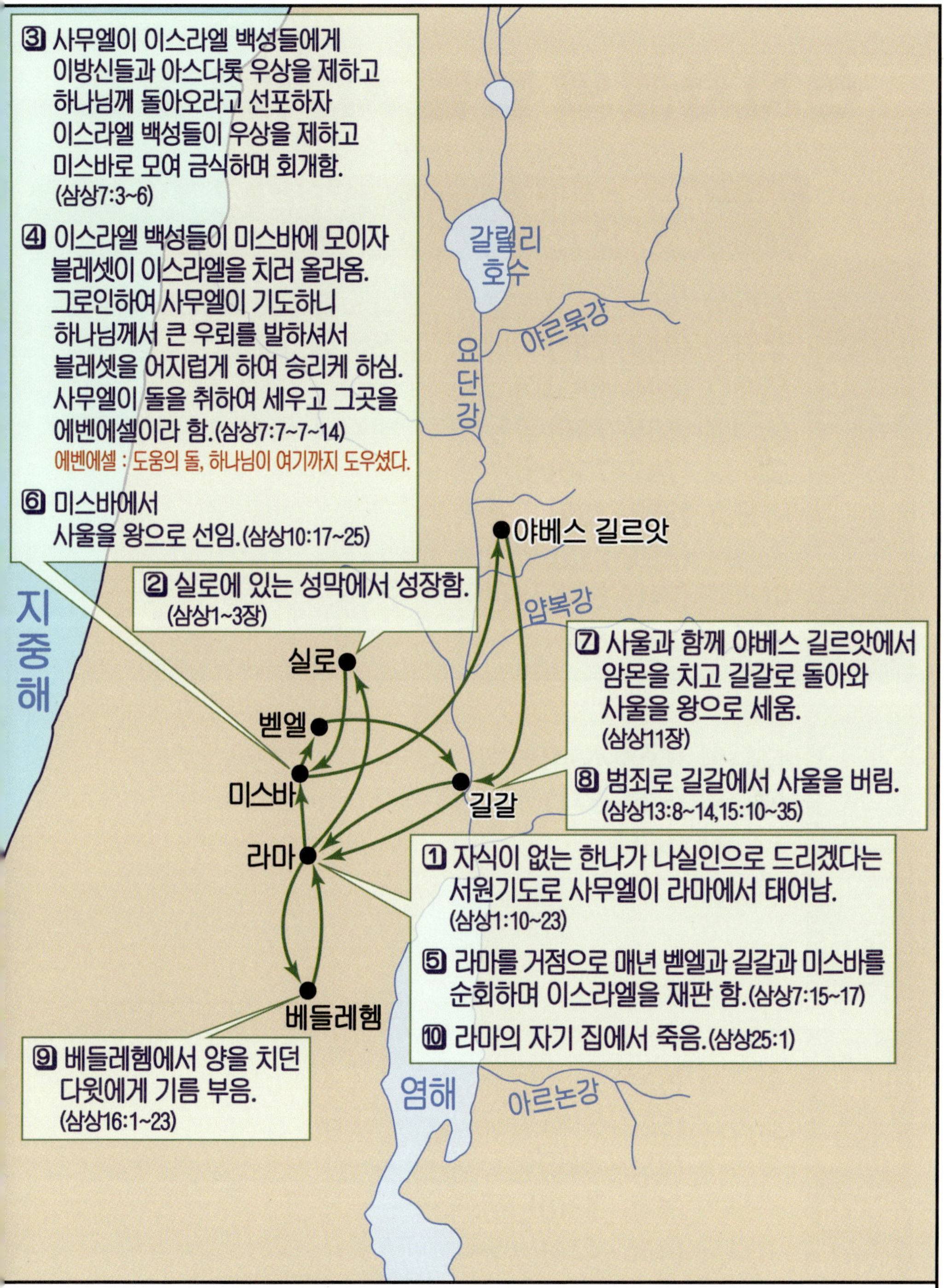

사무엘의 행적 (삼상1장~25장)

선지자들의 활동 시기와 장소

	분열왕국 시대 (BC930~722)	남왕국 존속 시대 (BC722~586)
바벨론 포로 이전 BC930 ~ BC586	엘리야 (853~848) 북왕국 엘리사 (848~797) 북왕국 오바댜 (848~841) 에 돔 요 엘 (835~796) 남유다 요 나 (782~750) 앗수르 아모스 (782~739) 북왕국 호세아 (755~715) 북왕국 미 가 (740~690) 남유다 이사야 (740~680) 남유다	나 훔 (661~612) 앗수르 스바냐 (630) 남유다 예레미야 (627~586) 남유다 하박국 (610~599) 남유다
바벨론 포로 시기 BC586 ~ BC516	다니엘 (606~534) 바벨론 에스겔 (593~571) 바벨론 예레미야애가 (586) 남유다	
바벨론 포로 이후 BC516 ~ BC424	학 개 (520) 남유다 스가랴 (520~518) 남유다 에스라 (458~440) 남유다 느헤미야 (445~430) 남유다 말라기 (435~424) 남유다	

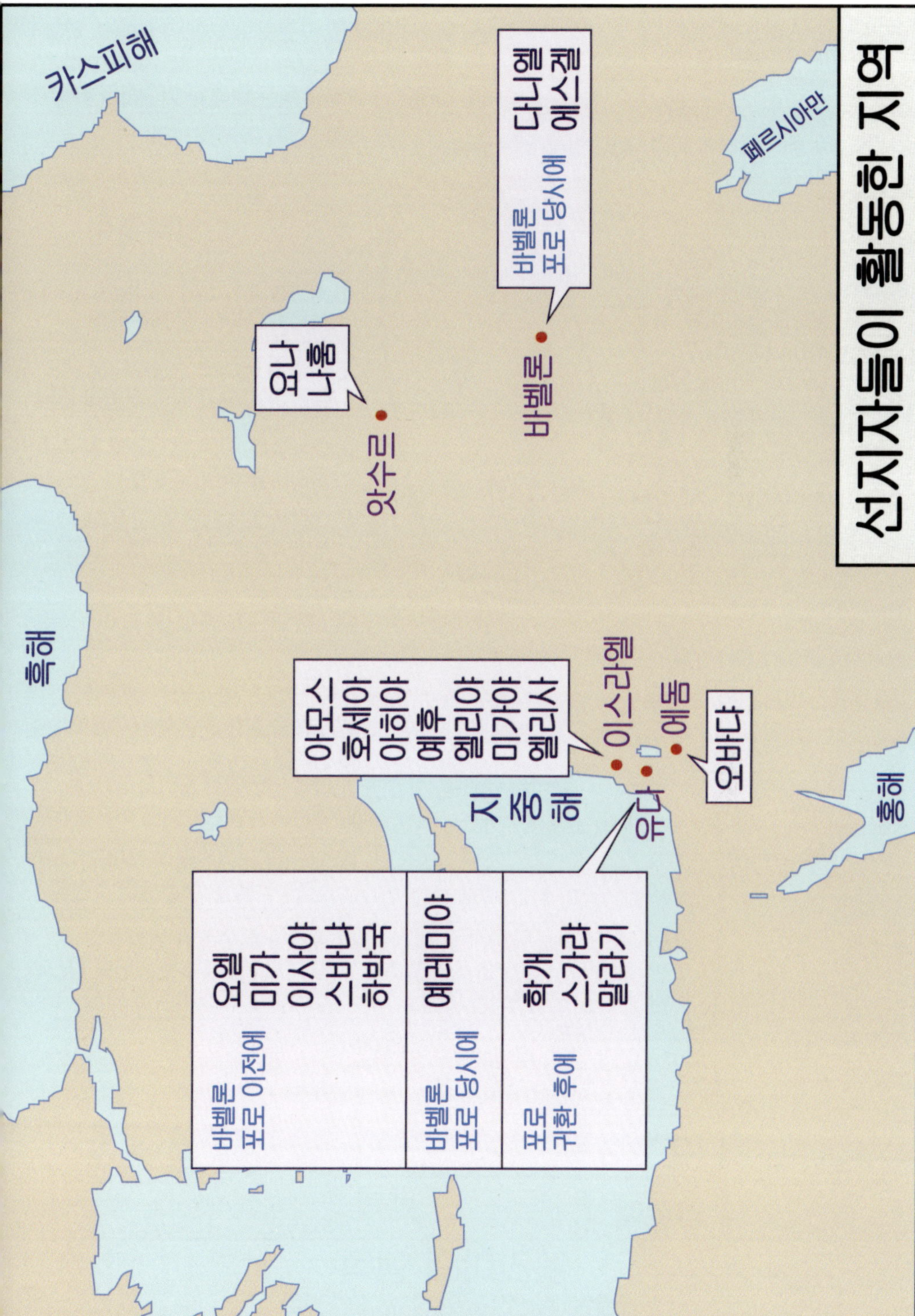

선지자들이 활동한 지역
카스피해
페르시아만
바벨론 포로 당시에 다니엘 에스겔
바벨론
요나 나훔
앗수르
흑해
아모스 호세아 아히야 예후 엘리야 미가야 엘리사
이스라엘
에돔
오바댜
지중해
유다
홍해
바벨론 이전에 요엘 미가 이사야 스바냐 하박국
바벨론 포로 당시에 예레미야
포로 귀환 후에 학개 스가랴 말라기

엘리야의 행적

(왕상17장~21장, 왕하1장, 2:1~12)

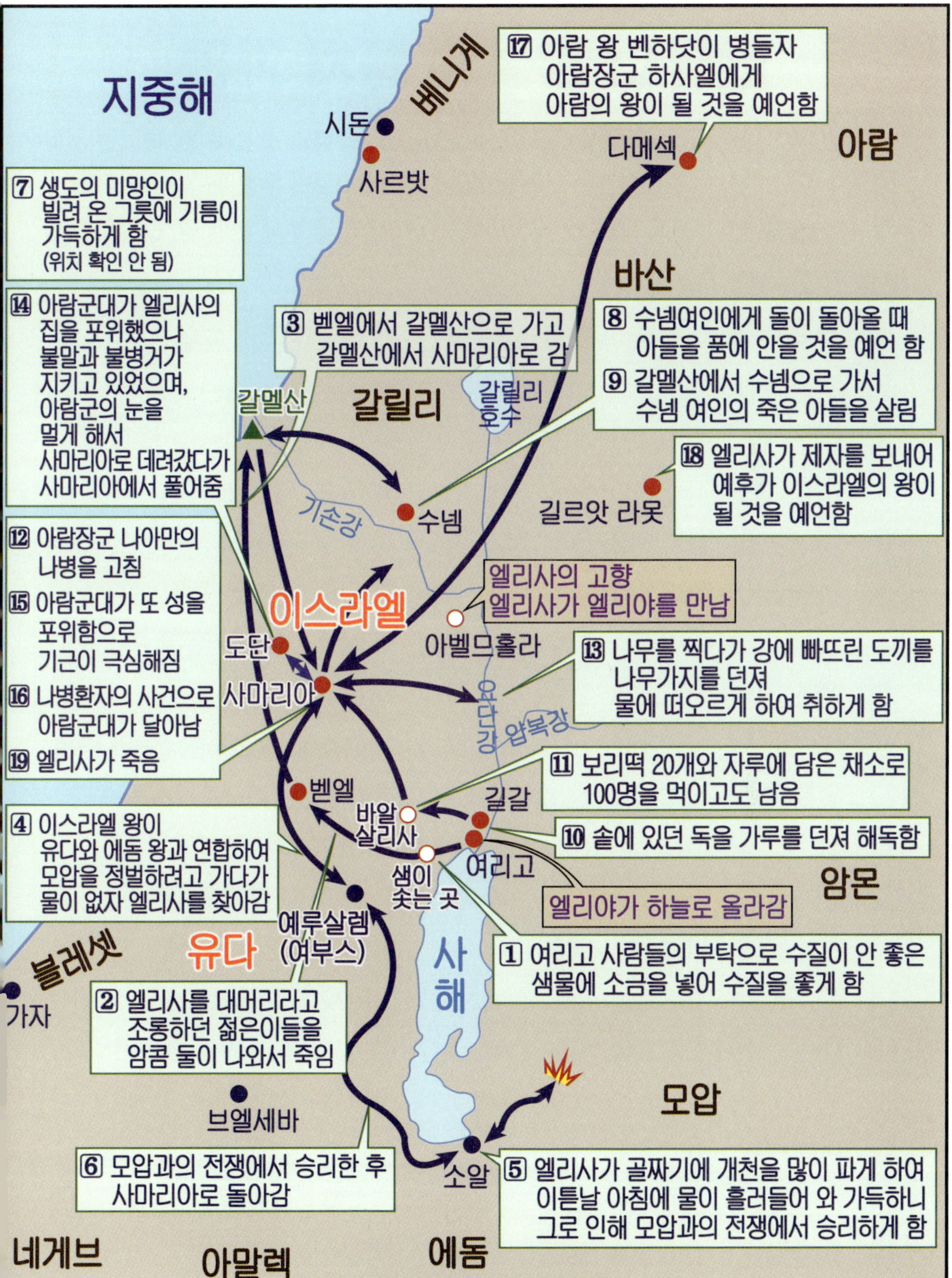

엘리사의 행적

(왕하2장~7장, 8:1~13, 9:1~3, 13:14~21)

남유다 왕들의 통치 기간

통일왕국시대			
통일왕국시대	사 울	(B.C.1050~1010. 40년)	이스라엘의 첫 번째 왕, 베냐민 지파
	다 윗	(B.C.1010~ 970. 40년)	이스라엘의 두 번째 왕, 유다지파
	솔로몬	(B.C. 970~ 930. 40년)	이스라엘의 세 번째 왕, 다윗의 아들

분열왕국시대 (남유다)

1	르호보암	(BC.930~913; 41세,17년)	북 여로보암과 분열
2	아비얌(아비야)	(BC.913~910; ?세, 3년)	북 여로보암 18년에 즉위
3	아 사	(BC.910~869; ?세,41년)	북 여로보암 20년에 즉위
4	여호사밧	(BC.869~848; 35세,25년)	북 아합 4년에 즉위
5	여 호 람	(BC.848~841; 32세, 8년)	북 요람 5년에 즉위
6	아하시야	(BC.841 ; 22세, 1년)	북 요람 12년에 즉위
7	아 달 랴	(BC.841~835; 6년 치리)	북 예후 1년에 즉위
8	여호아스(요아스)	(BC.835~796; 7세,40년)	북 예후 7년에 즉위
9	아 마 샤	(BC.796~767; 25세,29년)	북 여호아스(요아스) 2년에 즉위
10	웃시야(아사랴)	(BC.767~740; 16세,52년)	북 여로보암2세 27년에 즉위
11	요 담	(BC.740~735; 25세,16년)	북 베가 2년에 즉위
12	아 하 스	(BC.735~715; 20세,16년)	북 베가 17년에 즉위
13	히스기야	(BC.715~686; 25세,29년)	북 호세아 3년에 즉위
14	므 낫 세	(BC.686~641; 12세,55년)	선지자 : 이사야(순교), 미가
15	아 몬	(BC.641~639; 12세, 2년)	므낫세처럼 사악. 회개거부
16	요 시 야	(BC.639~609; 8세,31년)	선지자 : 예레미야, 스바냐
17	여호아하스	(BC.609 ; 23세,3개월)	선지자 : 예레미야, 나 훔
18	여호야김	(BC.609~598; 25세,11년)	선지자 : 예레미야, 에스겔, 하박국
19	여호야긴	(BC.598~597; 18세,3달10일)	선지자 : 예레미야
20	시드기야	(BC.597~586; 21세,11년)	선지자 : 오 바 댜

북이스라엘 왕들의 통치 기간

통일 왕국 시대	사 울	(B.C.1050~1010. 40년)	이스라엘의 첫 번째 왕, 베냐민 지파
	다 윗	(B.C.1010~ 970. 40년)	이스라엘의 두 번째 왕, 유다지파
	솔로몬	(B.C. 970~ 930. 40년)	이스라엘의 세 번째 왕, 다윗의 아들

분열왕국시대 (북이스라엘)

제1왕조	1	여로보암	(B.C.930~909; 22년)	르호보암과 분열
	2	나 답	(B.C.909~908; 2년)	남 아사왕 2년에 즉위
제2왕조	3	바 아 사	(B.C.908~886; 24년)	남 아사왕 3년에 즉위
	4	엘 라	(B.C.886~885; 2년)	남 아사왕 26년에 즉위
제3왕조	5	시 므 리	(B.C.885 ; 7일)	남 아사왕 27년에 즉위
제4왕조	6	오 므 리	(B.C.885~873; 12년)	남 아사왕 27년에 모반, 31년에 즉위
	7	아 합	(B.C.873~853; 22년)	남 아사왕 38년에 즉위
	8	아하시야	(B.C.883~852; 2년)	남 여호사밧 17년에 즉위
	9	요람(여호람)	(B.C.852~841; 12년)	남 여호사밧 18년에 즉위
제5왕조	10	예 후	(B.C.841~813; 28년)	남 여호람 5년에 즉위
	11	여호아하스	(B.C.813~798; 17년)	남 여호아스(요아스) 23년에 즉위
	12	여호아스(요아스)	(B.C.798~781; 16년)	남 여호아스(요아스) 37년에 즉위
	13	여로보암2세	(B.C.781~753; 41년)	남 아마샤 15년에 즉위
	14	스 가 랴	(B.C.753 ; 6개월)	남 웃시야(아사랴) 38년에 즉위
제6왕조	15	살 룸	(B.C.752 ; 1개월)	남 웃시야(아사랴) 39년에 즉위
제7왕조	16	므 나 헴	(B.C.752~741; 10년)	남 웃시야(아사랴) 39년에 즉위
	17	브가히야	(B.C.741~739; 2년)	남 웃시야(아사랴) 50년에 즉위
제8왕조	18	베 가	(B.C.739~721; 20년)	남 웃시야(아사랴) 52년에 즉위
제9왕조	19	호 세 아	(B.C.731~722; 9년)	남 아하스 12년에 즉위

다윗의 도피경로 (삼상 19~27장)

다윗의 도피생활 (삼상19~27장)

① 기브아

㉮ 다윗의 도피 작정
㉯ 사울이 기름부음을 받은 곳(10:26)
㉰ 이스라엘 왕국의 중심도시
㉱ 사울의 기브아(11:4)
㉲ 베냐민의 기브아(13:2)

② 라마

㉮ 다윗이 사무엘에게 사울왕이 자신을 죽이려 함을 알리고 피신한 곳(19:18-19)
㉯ 사울이 다윗을 죽이려 찾아 왔을 때 이곳이 너무 거룩하여 사울에게 하나님의 영이 임하고 예언을 하기도 함(19:23-24)
㉰ 요나단의 도움으로 사울을 피해 도망(20장)

③ 놉

㉮ 다윗이 라마로 온 사울을 피해 놉에 있는 제사장 아히멜렉에게로 감(21:1-9)
㉯ 다윗은 제사장들의 도움으로 쫓아온 사울을 피해 도망가지만,
사울은 다윗을 도운 제사장 85명을 도륙함.
이 과정에서 아히멜렉의 아들 아비아달만 살아서 피신함(22장)

④ 가드

㉮ 다윗은 놉에서 빠져나와 블레셋의 땅에 있는 가드로 피신함.
㉯ 가드에서 다윗은 자신의 정체가 발각되어 가드 왕에게 죽게 될까봐 두려워하여 미친척을 하게 됨(21:10-15)

⑤ 아둘람

㉮ 가드에서 또 다시 피신한 다윗은 아둘람의 동굴로 피하여 은신하게 됨.
㉯ 다윗은 아둘람 동굴로 가족 전부를 데려 옴.
환난 가운데서 피신한 사람들이 다윗에게 모여들었는데 400명 가량이 되었으며,
다윗은 그들의 우두머리가 됨(22:1-2)

⑥ 미스베

㉮ 아둘람에서 미스베로 이동한 다윗은 모압 왕에게 하나님의 뜻이 있을 때까지 부모와 함께 있게 해달라고 청하고 머물게 됨.
㉯ 그 후에 선지자 갓이 다윗에게 유다땅으로 들어갈 것을 명하고
다윗은 헤렛 수풀로 떠나게 됨(22:3-5)

⑦ 헤렛 수풀

㉮ 다윗이 미스베에서 헤렛수풀로 오게 될 때 놉에서 언급했던 사건,
즉 사울이 제사장들을 도륙하는 사건이 발생하게 됨.
㉯ 사울을 피해 탈출한 아비아달이 다윗에게 찾아와서 모든 사실을 이야기 했고,
다윗은 아비아달을 지켜주겠다고 맹세함(22장)

다윗의 도피생활 (삼상19~27장)

⑧ 그일라

㉮ 블레셋 사람들이 그일라를 쳐서 타작마당을 탈취하는 소식을 듣게 된 다윗은 그일라를 구원하라는 하나님의 음성을 듣고 블레셋을 몰아내고 그일라를 구원.
㉯ 아비아달이 에봇을 가지고 옴. (23:1-6)

⑨ 십광야

㉮ 그일라 사람들은 다윗을 통해 블레셋에게서 구원 받았지만 사울에게 다윗을 넘길 것을 약속함. 하지만 하나님이 다윗에게 말씀해 주셔서 그일라에서 피신하게 되고 이후로도 하나님이 다윗을 지켜주심. (23:10-14)
㉯ 친구 요나단과 재회 (23:15-18)

⑩ 마온 황무지

㉮ 사울이 마온황무지까지 다윗을 쫓았지만 블레셋이 이스라엘을 침략하자 다윗 추격을 중단하고 전쟁을 위해 퇴각함. 셀라하마느곳 (23:24-28)

⑪ 엔게디

㉮ 블레셋과의 전쟁을 끝내고 사울은 다시 다윗을 쫓기 시작함.
㉯ 다윗은 엔게디 광야까지 따라온 사울이 동굴에서 용변을 보는 틈을 타서 죽일 수 있었지만 사울의 겉옷 자락만 베어내고 사울을 죽이지 않음. (24장)

⑫ 바란광야

㉮ 사무엘이 죽은 후 라마에서 그를 장사한 후에 바란광야로 향함.
㉯ 다윗은 갈멜에 있는 나발에게 과거에 자신들이 목자들을 보호해 줬던 기억을 상기시키며 원조를 요청함. 그러나 거절과 함께 모욕당함. (25장)

⑬ 갈멜

㉮ 나발을 죽일 때 아비가일의 지혜로 다윗의 손에 피를 묻히지 않고 죽이게 됨.
㉯ 아비가일은 다윗의 아내가 되고, 또한 아비노암도 다윗의 아내가 됨.
㉰ 사울은 다윗의 아내였던 미갈을 라이스의 아들 발디에게 줌. (26:1~44)

⑭ 십광야

㉮ 사울이 또 다시 다윗을 잡으러 십광야까지 추격하여 십광야에서 진을 침. 사울의 모든 군사들이 자고 있을 때 다윗은 사울을 죽일 수 있었지만 그 증표로 왕의 창과 머리 곁에 있는 물병만 들고 나옴.
㉯ 사울이 다윗을 축복하고 돌아감.(26장)

⑮ 가드

㉮ 다윗 생각에 사울이 또 다시 찾아올 것이라 생각하고 블레셋 땅으로 피신함. 다윗은 가드왕 마옥의 아들 아기스와 함께 하다가 아기스에게 부탁하여 지방성읍인 시글락을 얻어 그곳에서 당분간 정착하게 됨 (1년4개월)

⑯ 시글락

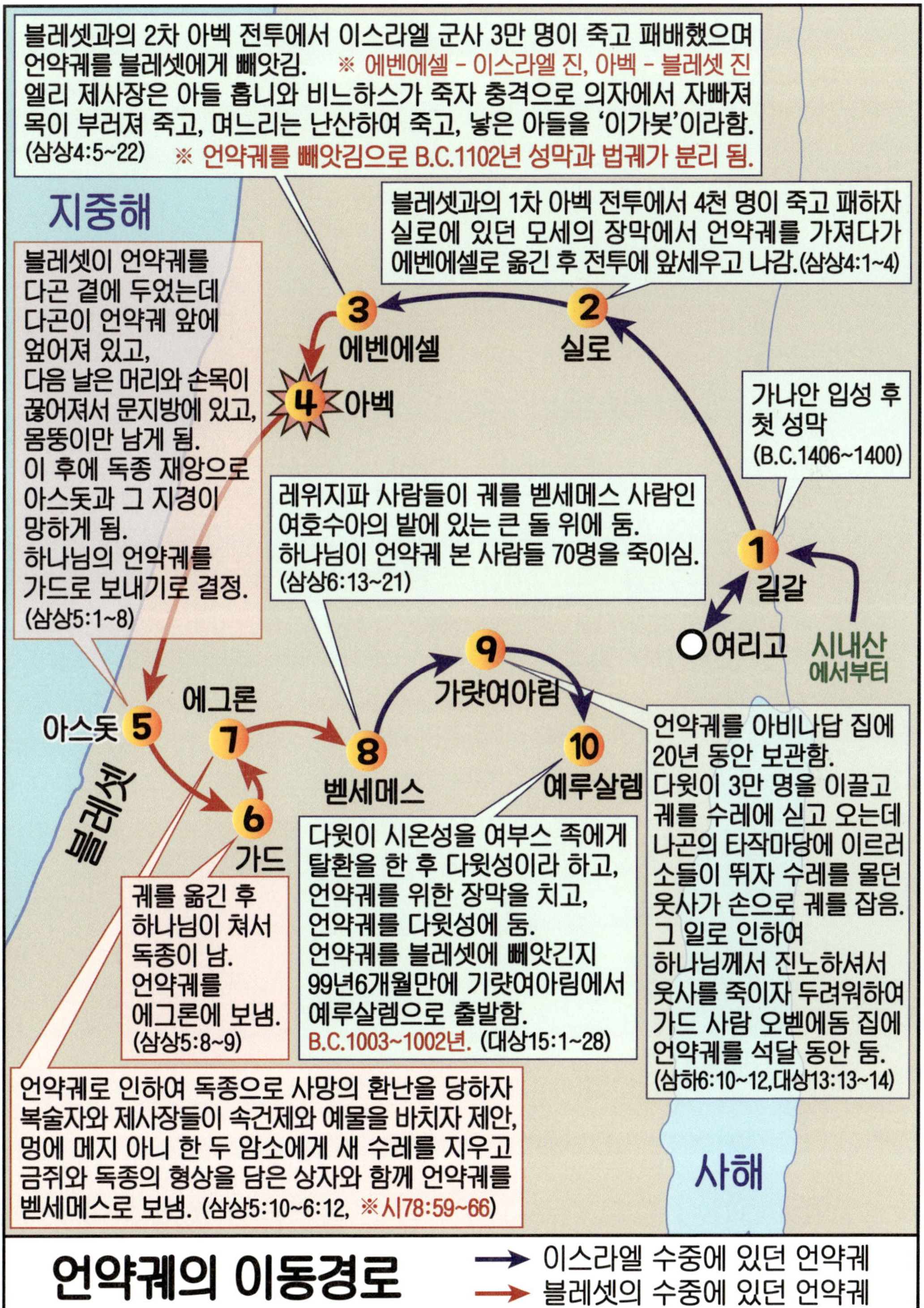
블레셋과의 2차 아벡 전투에서 이스라엘 군사 3만 명이 죽고 패배했으며 언약궤를 블레셋에게 빼앗김. ※ 에벤에셀 - 이스라엘 진, 아벡 - 블레셋 진
엘리 제사장은 아들 홉니와 비느하스가 죽자 충격으로 의자에서 자빠져 목이 부러져 죽고, 며느리는 난산하여 죽고, 낳은 아들을 '이가봇'이라함. (삼상4:5~22) ※ 언약궤를 빼앗김으로 B.C.1102년 성막과 법궤가 분리 됨.
지중해
블레셋과의 1차 아벡 전투에서 4천 명이 죽고 패하자 실로에 있던 모세의 장막에서 언약궤를 가져다가 에벤에셀로 옮긴 후 전투에 앞세우고 나감.(삼상4:1~4)
블레셋이 언약궤를 다곤 곁에 두었는데 다곤이 언약궤 앞에 엎어져 있고, 다음 날은 머리와 손목이 끊어져서 문지방에 있고, 몸뚱이만 남게 됨. 이 후에 독종 재앙으로 아스돗과 그 지경이 망하게 됨. 하나님의 언약궤를 가드로 보내기로 결정. (삼상5:1~8)
3 에벤에셀
2 실로
4 아벡
가나안 입성 후 첫 성막 (B.C.1406~1400)
레위지파 사람들이 궤를 벧세메스 사람인 여호수아의 밭에 있는 큰 돌 위에 둠. 하나님이 언약궤 본 사람들 70명을 죽이심. (삼상6:13~21)
1 길갈
여리고
시내산 에서부터
9 가랏여아림
에그론
5 아스돗
7
8 벧세메스
10 예루살렘
언약궤를 아비나답 집에 20년 동안 보관함. 다윗이 3만 명을 이끌고 궤를 수레에 싣고 오는데 나곤의 타작마당에 이르러 소들이 뛰자 수레를 몰던 웃사가 손으로 궤를 잡음. 그 일로 인하여 하나님께서 진노하셔서 웃사를 죽이자 두려워하여 가드 사람 오벧에돔 집에 언약궤를 석달 동안 둠. (삼하6:10~12,대상13:13~14)
블레셋
6 가드
다윗이 시온성을 여부스 족에게 탈환을 한 후 다윗성이라 하고, 언약궤를 위한 장막을 치고, 언약궤를 다윗성에 둠. 언약궤를 블레셋에 빼앗긴지 99년6개월만에 기랏여아림에서 예루살렘으로 출발함. B.C.1003~1002년. (대상15:1~28)
궤를 옮긴 후 하나님이 쳐서 독종이 남. 언약궤를 에그론에 보냄. (삼상5:8~9)
언약궤로 인하여 독종으로 사망의 환난을 당하자 복술자와 제사장들이 속건제와 예물을 바치자 제안, 멍에 메지 아니 한 두 암소에게 새 수레를 지우고 금쥐와 독종의 형상을 담은 상자와 함께 언약궤를 벧세메스로 보냄. (삼상5:10~6:12, ※시78:59~66)
사해
언약궤의 이동경로
이스라엘 수중에 있던 언약궤
블레셋의 수중에 있던 언약궤

알렙포
유프라테스강
딥사
하맛
하맛
갓딤(구브로)
오론테스강
가데스
캇나
아르왓
다드몰
그발(비블로스)
페니키아
아람
베로대
지중해(대해)
시돈
리타니강
아람사막
헬몬산
다메섹
두로
단
가데스
아스다롯
악고
하솔
긴네렛호수
에드레이
므깃도
벧산
길르앗 라못
다아낙
길보아산
마하나임
욥바
세겜
블레셋
브니엘(부느엘)
아스돗
게셀
기브온
랍바
가사
갓
기브아
암몬
예루살렘
염해
메드바
시글락
헤브론
동쪽사막
브엘세바
다마르
길하레셋
이집트사막
가데스바네아
에돔
시나이
에시온 게벨
아카바만
다윗과 솔로몬 왕국
다윗과 솔로몬의 왕국
솔로몬의 통치 지역
사울의 왕국

다메섹
두로
페니키아
아람
대해
갈릴리 호수
이스라엘
사마리아
암몬
욥바
예루살렘
헤스본
블레셋
사해
가자
유다
모압
에돔
분열왕국
이스라엘 왕국
유다 왕국

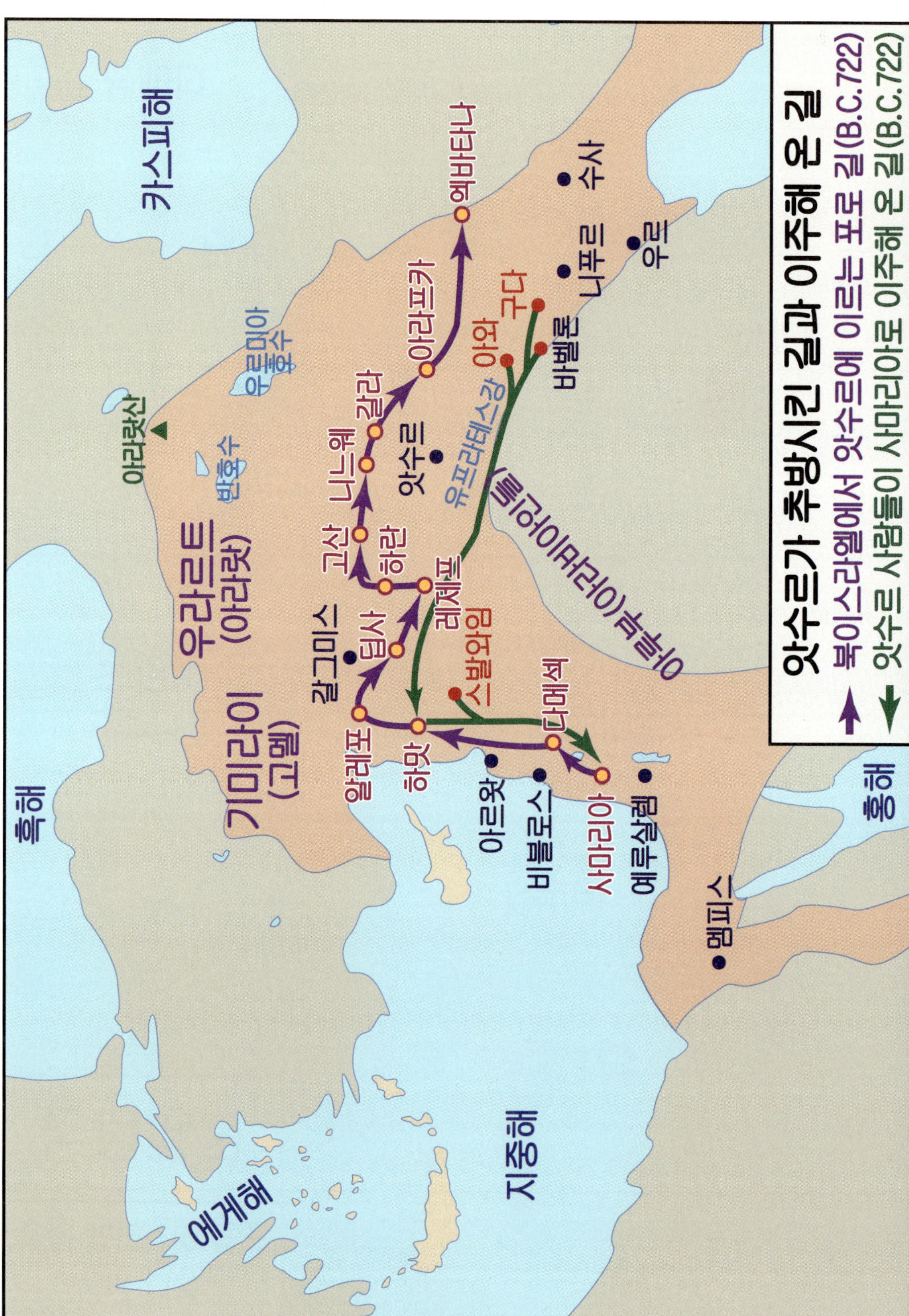
앗수르가 추방시킨 길과 이주해 온 길
북이스라엘에서 앗수르에 이르는 포로 길(B.C.722)
앗수르 사람들이 사마리아로 이주해 온 길(B.C.722)
카스피해
엑바타나
아라포가
갈라
니느웨
고산
하란
앗수르
수사
나푸르
우르
구다
아와
바벨론
유프라테스강
우라르트
(아라랏)
아라랏산
우르미아호수
반호수
기미라이
(고멜)
갈그미스
딥사
립나
레제프
알레포
하맛
스발와임
다메섹
사마리아
아르왓
비블로스
예루살렘
멤피스
흑해
홍해
지중해
에게해

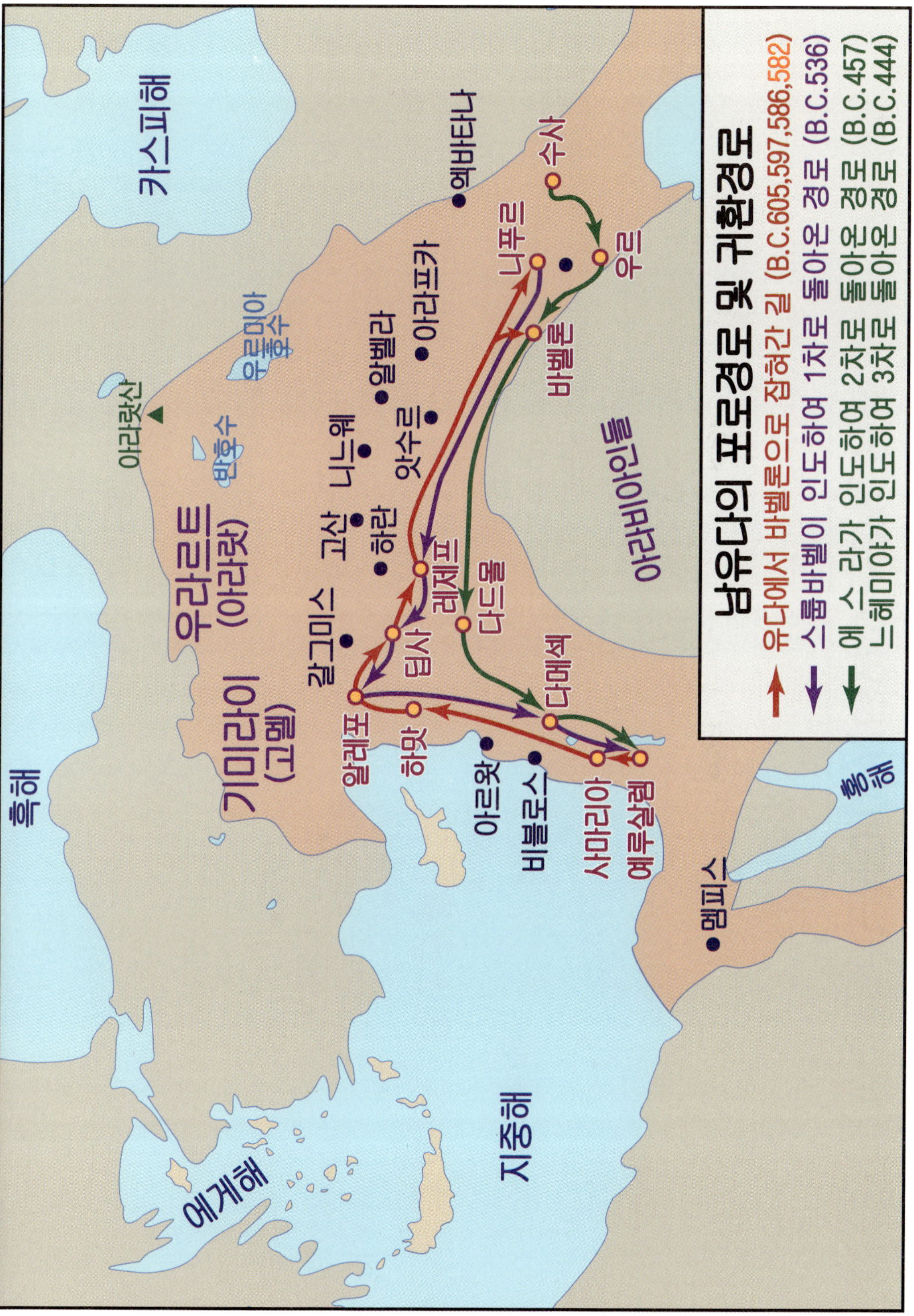
남유다의 포로경로 및 귀환경로
유다에서 바벨론으로 잡혀간 길 (B.C.605,597,586,582)
스룹바벨이 인도하여 1차로 돌아온 경로 (B.C.536)
에스라가 인도하여 2차로 돌아온 경로 (B.C.457)
느헤미야가 인도하여 3차로 돌아온 경로 (B.C.444)
카스피해
엑바타나
수사
우르
니푸르
바벨론
아라포카
알벨라
앗수르
니느웨
우르미아 호수
아라랏산
반호수
우라르트 (아라랏)
고산
하란
레제프
다드몰
아라비아인들
갈그미스
딥사
기미라이 (고멜)
알레포
하맛
다메섹
아르왓
비블로스
사마리아
예루살렘
멤피스
홍해
흑해
지중해
에게해

느헤미야 시대의 이스라엘 영토

유대백성은 B.C.606 · 597 · 586년 세 번에 걸쳐서 바벨론에 의해 포로로 끌려간다.
B.C.536년 바벨론은 바사 고레스에 의해 무너졌고, 고레스 왕은 유대인들을 해방시키는 칙령을 내려 70년만에 유대인들이 유대땅으로 다시 돌아온다.

그러나 바벨론 생활에 젖어 있던 유대백성 중에는 폐허가 된 예루살렘의 귀환을 원하지 않던 자들로 인하여 일부만 예루살렘으로 돌아온다.

귀향은 3차에 걸려서 이루어졌는데,
1차 때는 스룹바벨이 귀환하여 사마리아인들의 방해에서도 제단과 성전을 재건하였고,
2차 때는 에스라가 율법과 이스라엘 역사를 연구하여 신앙개혁 운동을 했으며,
3차 때는 느헤미야가 이방인들의 심한 방해에도 예루살렘 성벽을 재건하게 된다.

당시 유대지역은 유대백성들이 포로로 끌려간 후 이방인들이 그 땅에서 세력을 장악하고 있었기에 그들에게는 갑자기 몰려와 성을 쌓는 유다 백성이 위협적으로 보일 수밖에 없었을 것이다.

느헤미야 시대의 이스라엘 성벽

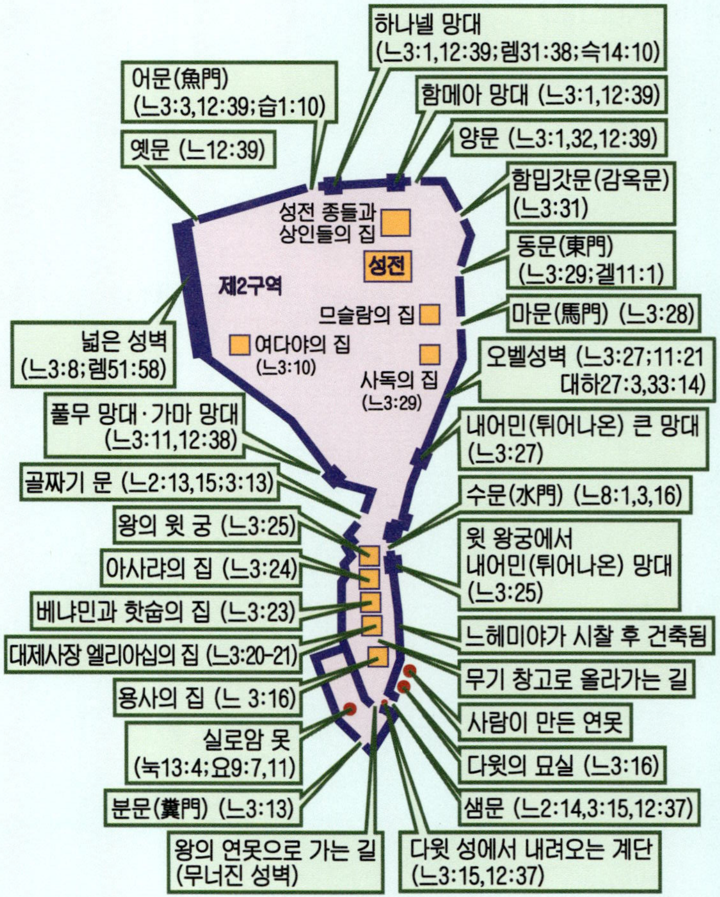

고레스 왕으로부터 유대 백성들의 귀환을 허락받은 유대인들은 3차례에 걸려 예루살렘으로 돌아오는데, 3차 때 느헤미야를 통해 예루살렘 성벽을 재건한다.

느헤미야는 사마리아를 다스려왔던 총독 산발랏과 암몬의 지도자 도비야의 계속되는 위협과 방해에도 일사분란하게 지휘하여 52일만에 예루살렘 성벽을 재건하게 된다.

그 후, 유대인들은 하나님의 율법대로 절기를 지키고, 하나님의 계명을 철저히 지키기로 서약을 한다.

그러나 말라기 시대에 들어서 유대백성들은 또 다시 율법을 무시하고, 하나님의 계명을 불순종하였으며, 성막에서의 진실치 못한 제사로 타락을 한다.

하나님은 그들에게 경고를 내리셨으나 회개치 않자 하나님의 경고를 끝으로 선지자 요한을 보내시기 전 400년 간을 침묵하신다.

이와 같은 400년 간 시대를 “하나님의 침묵기” 또는 “구약과 신약의 중간사”라고 일컫는다.

메데와 바벨론 왕국
BC560년 경의 주요 세력들의 경계선
메데 제국
바벨론 제국
리디아 왕국
이집트
파르티아
페르시아 (바사)
코산투스
맛사게타이
아랄해
카스피해
스구디아인(스키티아)
힌두쉬 (인도)
에리드레아바다
알바니아
메데
엑바타나
베히스툰
수사(수산)
나푸르
바벨론
십파르
앗수르
에렉
아라비아
두마
데마
드단
엘랏
홍해
대베
나일강
멤피스(놉)
헬리오폴리스
사이스
펠루시움
가자
예루살렘
두로
그발
아르왓
하맛
다메섹
다드몰
타프사쿠스
하란
이수스
다소
구브로
로도
코산투스
트라페수스
모쉬
아락세스(아라스)강
시노페
앙키라
흑해
보스포루스 해협
아폴로니아
리디아
사데
에베소
밀레도
마라톤
아덴
스파르타
그리스
마케도니아
트라키아
다뉴브(도나우) 강
지중해 (대해 or 윗바다)
리비아 사막
이디오피아 (구스)

리디아(룻)의 흥망과 고레스(키루스)의 등장

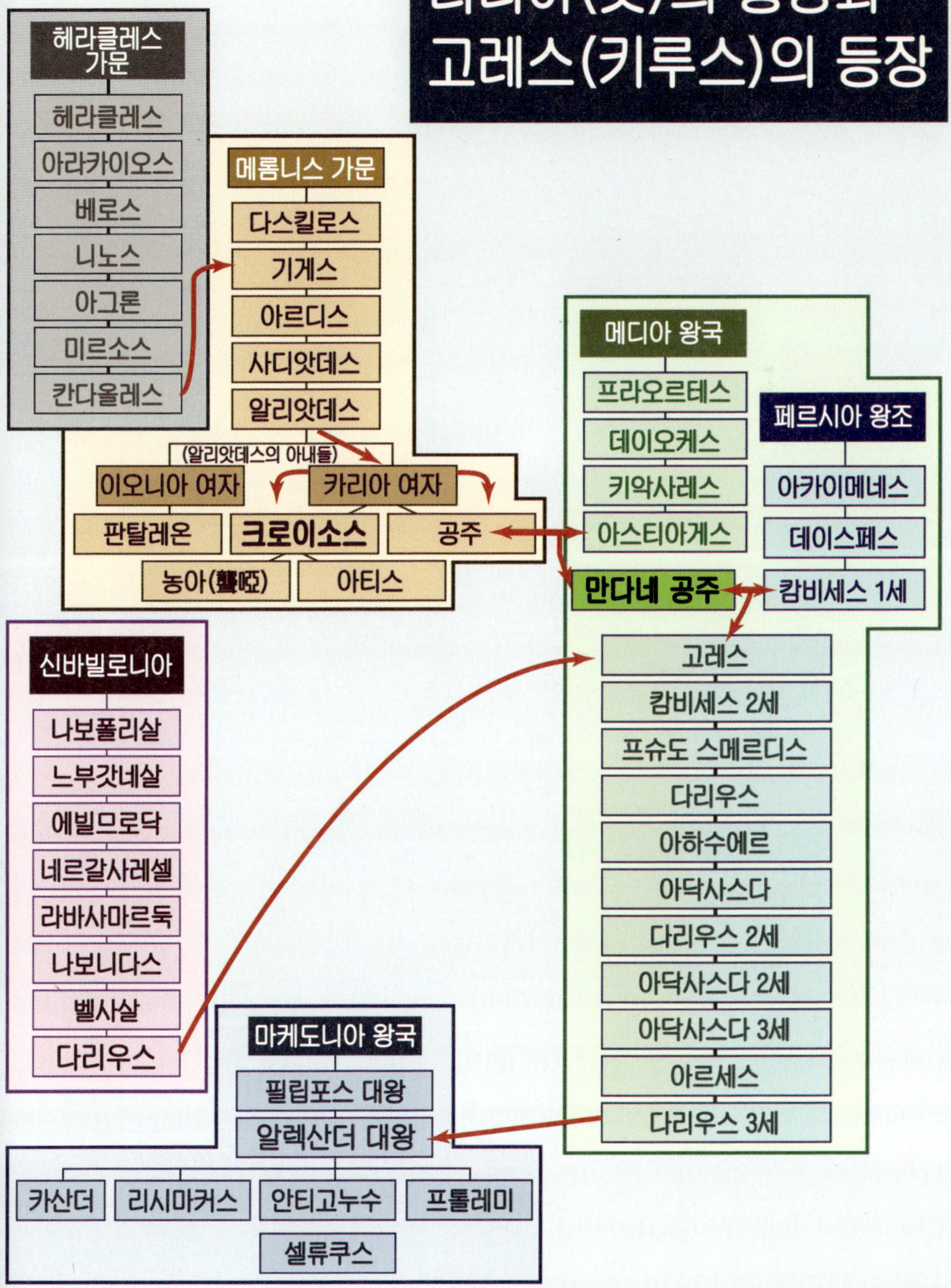

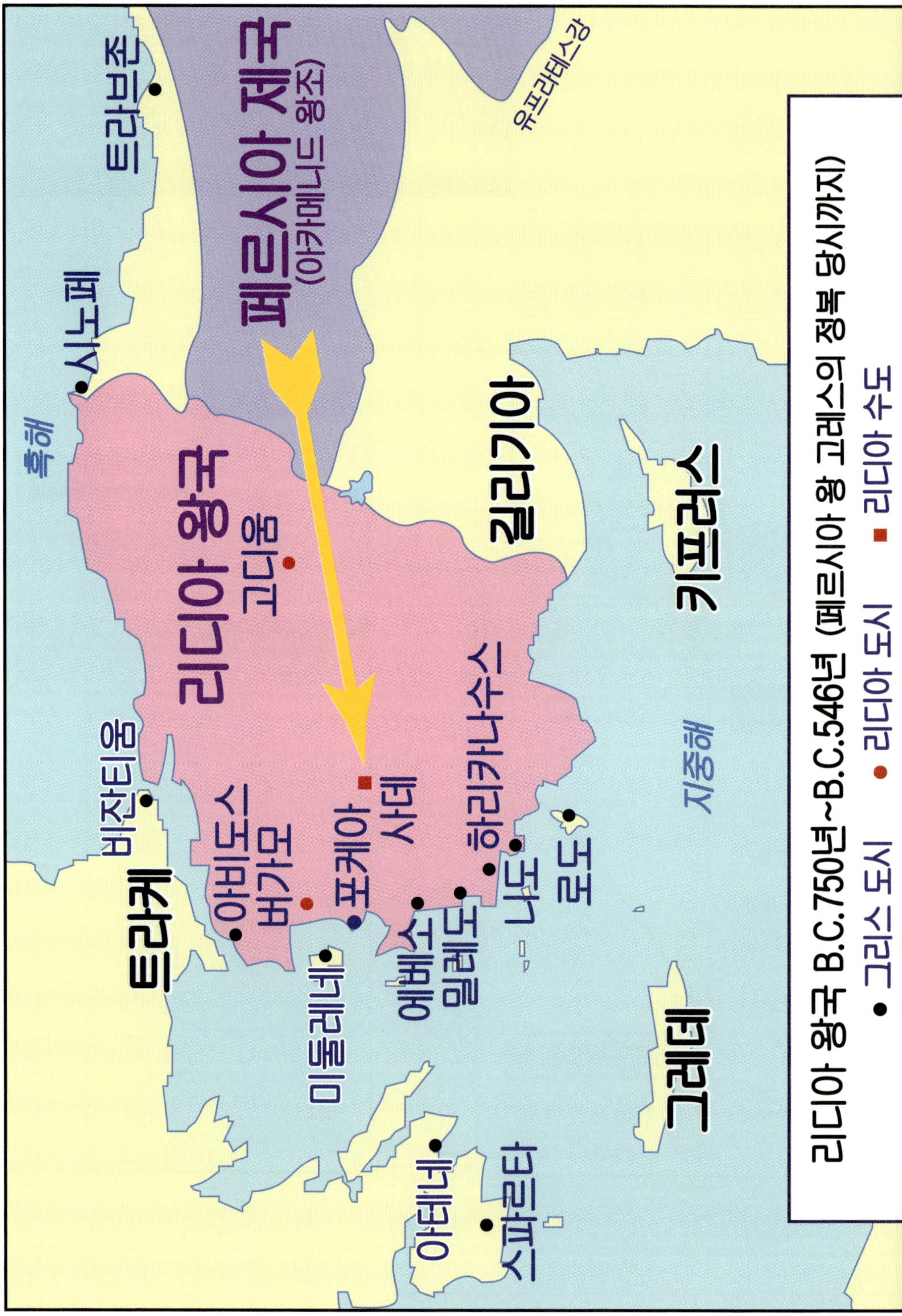
리디아 왕국 B.C.750년~B.C.546년 (페르시아 왕 고레스의 정복 당시까지)
● 그리스 도시 ● 리디아 도시 ■ 리디아 수도
페르시아 제국
(아카메니드 왕조)
유프라테스강
트라비존
시노페
흑해
리디아 왕국
고디움
길리기아
키프러스
지중해
비잔티움
트라케
아비도스
버가모
포케아
사데
하리카나수스
미툴레네
에베소
밀레도
나도
로도
그레데
아테네
스파르타

마케도니아
흑해
비잔티움
아테네
스파르타
사르데스
니네베
아시리아
티그리스강
유프라테스강
시돈
지중해
바빌론
수사
예루살렘
멤피스
나일강
이집트
홍해
아라비아
페르세폴리스
걸프만
카스피해
아랄해
박트리아
파르티아
페르시아 제국
아시리아의 영역
성립 시기의 페르시아 영역
페르시아 제국의 최대영역
왕의 길 (다리우스1세 건설)

마케도니아
트라키아
마르마라 해
테르마
올림푸스 산
아토스 곶
아비도스
일리온(트로이)
테살리아
페르가몬
아르테이시온 곶
페르시아 제국
테르모필레 전투
(B.C.480)
마라톤 전투
(B.C.490)
테베
이오니아
(이오니아 반란지역)
사르데스
델피
플라타이아 전투
(B.C.479)
아켈레 곶
에게 해
에페소스
고린도
아테네
라디
올림피아
이오니아 해
테린스
살라미스 해전
(B.C.480)
밀레토스
펠로폰네소스 반도
스파르타
페르시아군의 침입로
1차(B.C.492년)
2차(B.C.490년)
3차(B.C.480년)
페르시아의 영토
페르시아의 동맹국
중립국
그리스와 그 동맹국
로도스

페르시아 제국
B.C.500년 경의 페르시아 제국의 경계선
페르시아 왕의 길 (다리우스 왕이 건설함)
왕의 거소
페르시아 제국
스구디아인(스키타이)
마사게타이
아랄해
카스피해
바르티아
메대
엑바타나 (하마단)
수사·수산 (아와즈)
파살가대
페르세폴리스
힌두쉬 (인도)
에리드레아바다
알바니아
아락세스(아락스) 강
트라페수스
모쉬
하란
이수스
다소
타프사쿠스
앗수르
다드몰
십파르
바벨론
나부르
에렉
바벨로니아
두마
아라비아
테마
드단
하맛
다메섹
아르왓
그발
두로
가자
예루살렘
펠루시움
엘랏
시나이
홍해
데베
나일강
멤피스(놉)
사이스
헬리오 폴리스
이디오피아 (구스)
리비아 사막
리비아
지중해 (대해 or 윗바다)
구브로
그레대
로도
밀레도
에베소
사데
이오니아
고디온
앙기라
프테리아
시노페
흑해
아볼로니아
보스포루스 해협
마르마라 해협
트로이 (일리온)
드라게
마게도니아
다뉴브(도나우) 강
그리스
마라톤
아덴
스파르타
그사투스

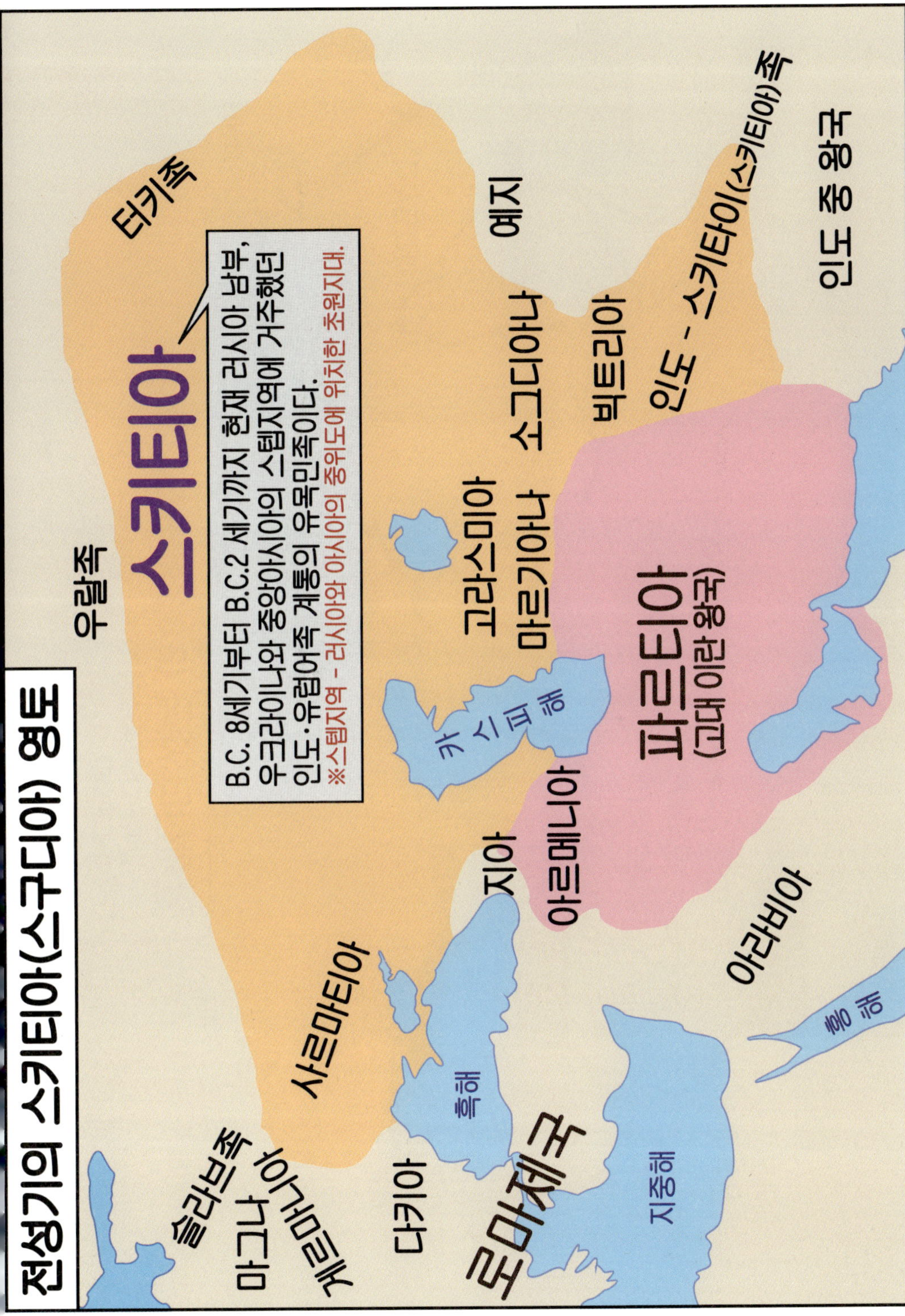
전성기의 스키타이아(스구디아) 영토
스키타이아
B.C. 8세기부터 B.C.2 세기까지 현재 러시아 남부, 우크라이나와 중앙아시아의 스텝지역에 거주했던 인도·유럽어족 계통의 유목민족이다.
※스텝지역 - 러시아와 아시아의 중위도에 위치한 초원지대.
우랄족
터키족
예지
고라스미아
마르기아나
소그디아나
박트리아
인도 - 스키타이(스키티아)족
인도 중 왕국
파르티아
(고대 이란 왕국)
카스피해
아르메니아
지아
아라비아
홍해
사르마티아
흑해
로마제국
지중해
다키아
게르마니아
마그나
슬라브족

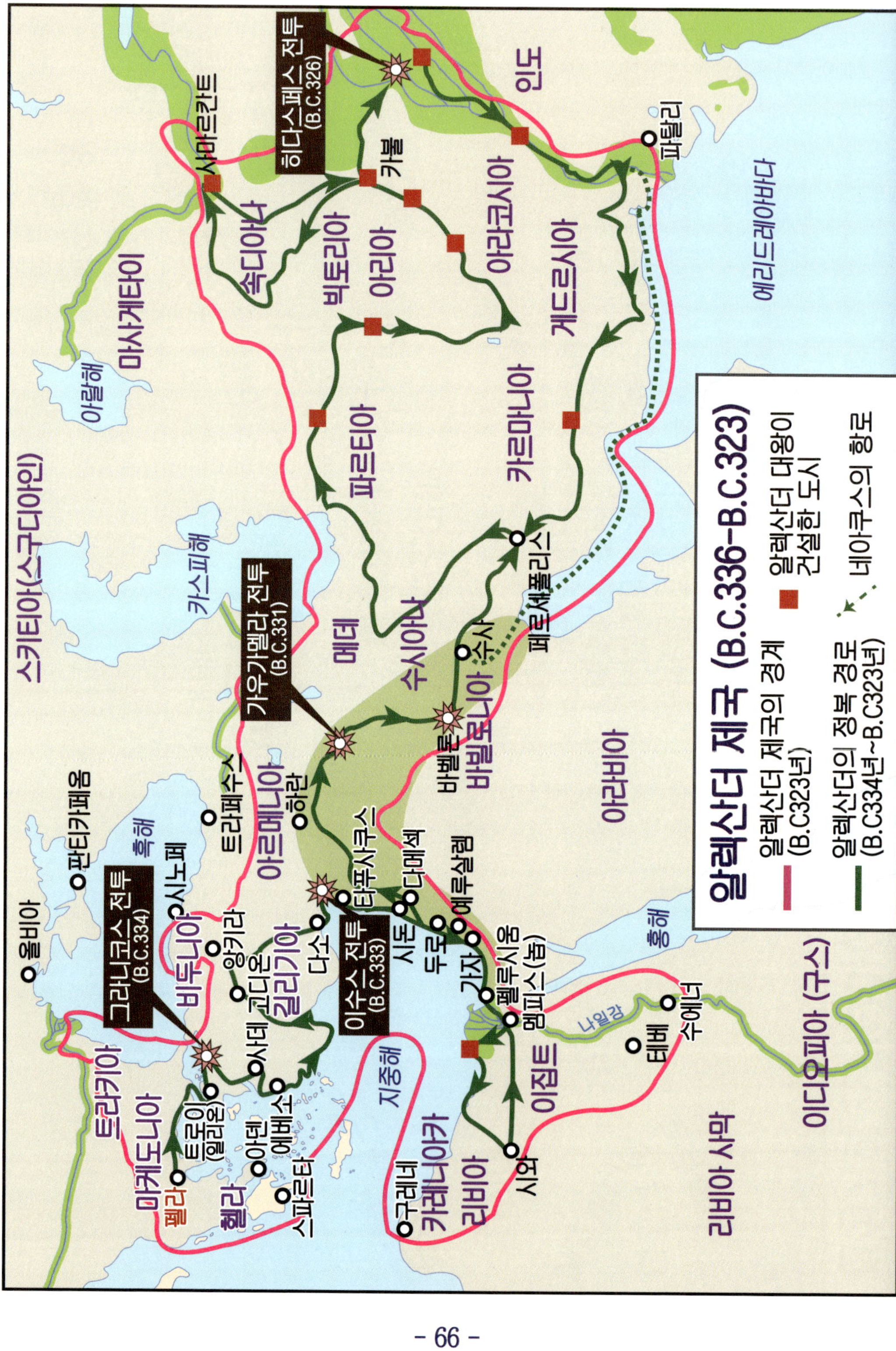
알렉산더 제국 (B.C.336-B.C.323)
알렉산더 제국의 경계 (B.C323년)
알렉산더 대왕이 건설한 도시
알렉산더의 정복 경로 (B.C334년~B.C323년)
네아쿠스의 항로
그라니코스 전투 (B.C.334)
이수스 전투 (B.C.333)
가우가멜라 전투 (B.C.331)
히다스페스 전투 (B.C.326)
펠라
마케도니아
트라키아
헬라
아덴
스파르타
에베소
트로이 (일리온)
사데
고디온
앙키라
비두니아
시노페
흑해
판티카페움
올비아
트라페주스
아르메니아
하란
갈라기아
다소
다메섹
타푸사쿠스
시돈
두로
가사
예루살렘
펠루시움(놉)
멤피스
나일강
테베
수에네
이집트
시와
리비아
구레네
카레나이카
지중해
리비아 사막
이디오피아 (구스)
홍해
아라비아
바벨론
바빌로니아
수사
수시아나
페르세폴리스
메대
카스피해
스키티아(스구디아인)
아랄해
마사게타이
사마르칸트
속디아나
박트리아
아리아
카불
아라코시아
인도
파탈리
게드로시아
카르마니아
파르티아
에리드레아바다

헬라제국의 분열

카 산 더 : 마케도니아 본토·마케도니아 왕국 서쪽
리시마커스 : 소아시아 · 트라키아와 그 북쪽 부분
셀 류 쿠 스 : 시리아와 동쪽부분 (동방의 대부분)
프 톨 레 미 : 이집트

알렉산더는 B.C.336년 그리스 왕이 된 후 B.C.334년부터 소아시아에 주둔해 있던 페르시아군을 몰아내고, 유다와 사마리아를 지나, 이집트를 거쳐 인도의 인더스 강가까지 점령한 후 B.C.323년 열병에 걸려 죽는다.
그 부하 카산더, 리시마커스, 안티고누스, 프톨레미가 후계자 자리로 다투다가 헬라제국이 4개로 분열된다.
프톨레미의 부하 셀류쿠스와 함께 4명의 장군들이 안티고누스를 죽였고, 그의 땅을 셀류쿠스가 점령한다.
B.C.298년 카산더가 후계자 없이 갑자기 죽자 B.C.294년 그리스 본토는 안티고누스 가문이 다시 차지한다.
B.C.281년 셀류쿠스는 리시마커스를 암살하고 리시마커스가 다스렸던 땅을 차지한다.
B.C.275년 헬라제국은 안티고누스 가문, 셀류쿠스 가문, 프톨레미 가문, 이렇게 세 왕국으로 재분할 된다.
유대지역과 관련하여 프톨레미 왕조와 셀류쿠스 왕조가 팔레스틴을 차지하려고 많은 전쟁을 벌이다가 B.C.167년 셀류쿠스의 안티오쿠스4세 에피파네스가 예루살렘 성전에 제우스 신전을 세우고 돼지 피를 뿌려 성전을 더럽히자 맛다디아의 반란을 시작으로 마카비 혁명을 통해 100여 년 동안 유대독립을 맞이한다.

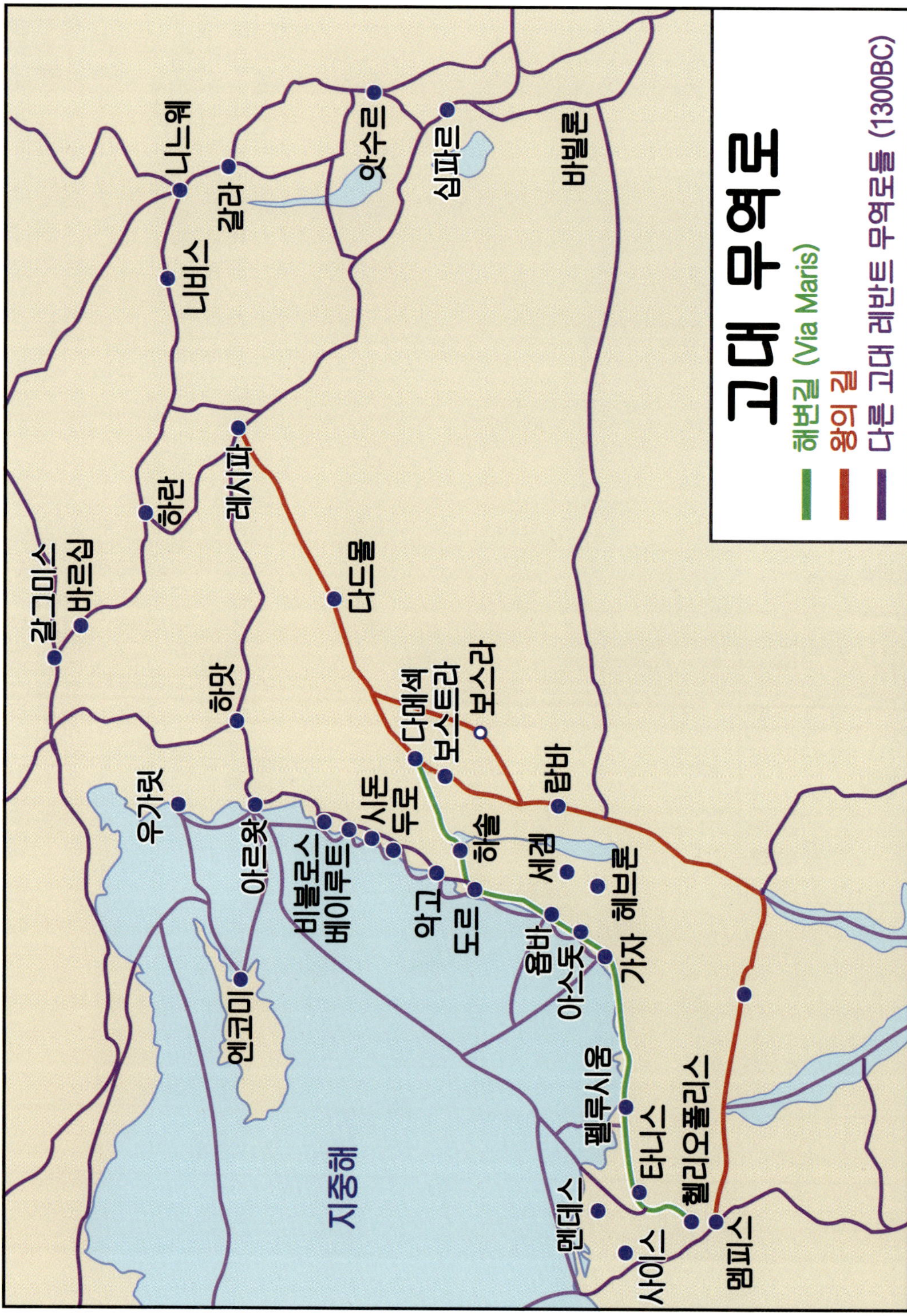

고대 무역로
해변길 (Via Maris)
왕의 길
다른 고대 레반트 무역로들 (1300BC)
갈그미스
바르실
하란
레시파
나비스
니느웨
갈라
앗수르
십파르
바빌론
다드몰
하맛
다메섹
보스트라
보스라
우가릿
아르왓
비블로스
베이루트
시돈
두로
하솔
랍바
악고
도르
세겜
헤브론
욥바
아스돗
가자
엔코미
지중해
펠루시움
타니스
헬리오폴리스
멘데스
사이스
멤피스

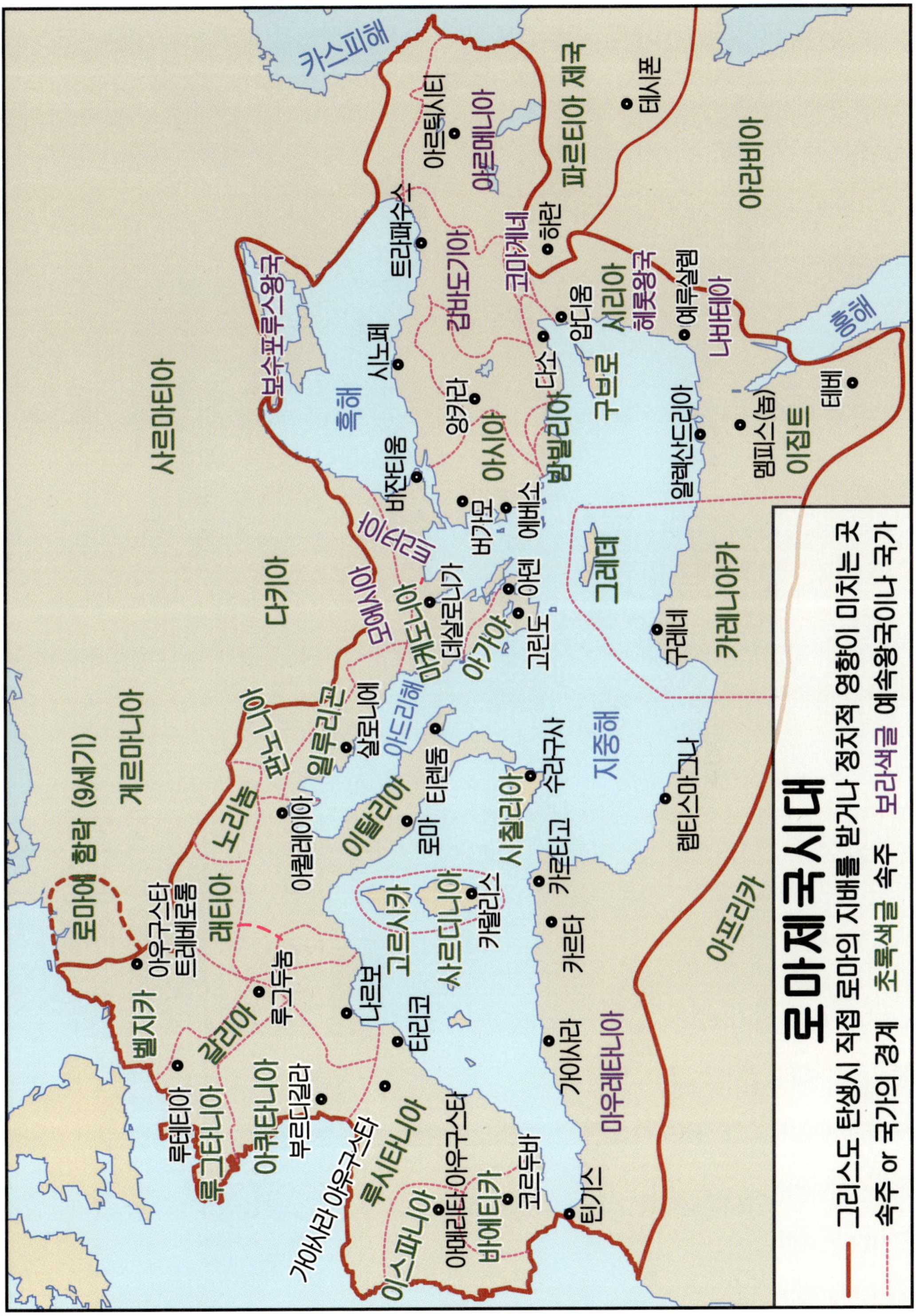

로마제국시대
그리스도 탄생시 직접 로마의 지배를 받거나 정치적 영향이 미치는 곳
숙주 or 국가의 경계
초록색글 숙주
보라색글 예속왕국이나 국가
카스피해
아르탁시타
아르메니아
파르티아 제국
테시폰
아라비아
하란
트라페수스
갑바도기아
코마게네
보스포루스왕국
사르마티아
흑해
시노페
안디옥
시리아
헤롯왕국
예루살렘
나바테아
홍해
앙카라
다소
구브로
밤빌리아
아시아
비잔티움
버가모
에베소
알렉산드리아
멤피스(놉)
이집트
테베
트라키아
다키아
모에시아
마케도니아
데살로니가
아덴
고린도
아가야
그레데
구레네
카레나이아카
게르마니아
로마의 함락 (9세기)
판노니아
일루리쿰
살로니아
아드리아해
티렌툼
노리쿰
아퀼레이아
이탈리아
로마
시칠리아
수라구사
지중해
렙티스마그나
라에티아
아우구스타 트레베로룸
카르타고
카랄리스
코르시카
사르디니아
카르타
벨지카
루그두눔
갈리아
나르보
타라코
루테티아
루그다니아
아키타니아
부르디갈라
루시타니아
가아사라 아우구스타
아우구스타
이스파니아
아메리타 아우구스타
바에티카
코르두바
가이사라
마우레타니아
틴기스
아프리카

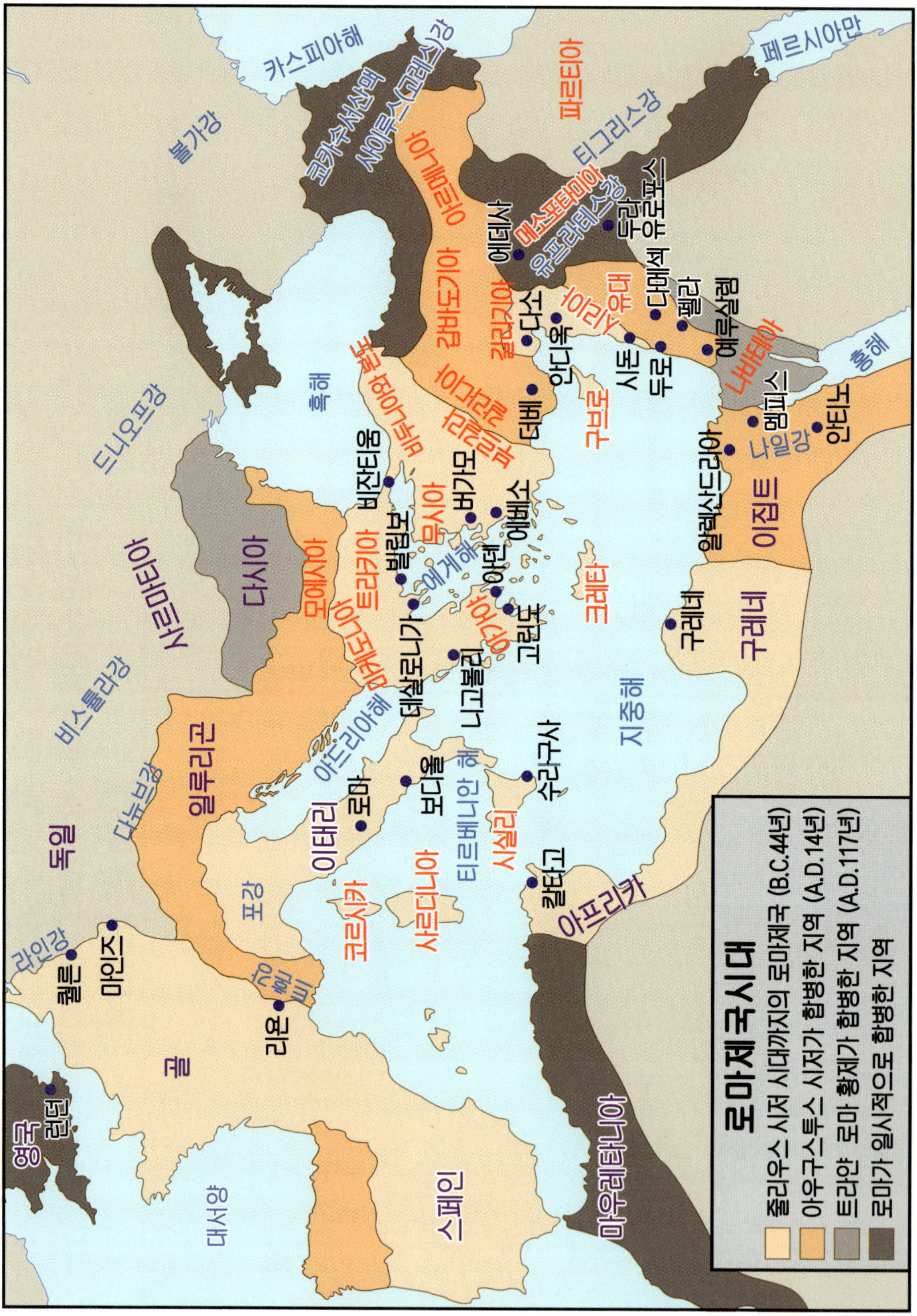
카스피아해
페르시아만
코카서스산맥
사이루스(크레스)강
파르티아
티그리스강
볼가강
아르메니아
메소포타미아
유프라테스강
에데사
두라 유로포스
갑바도기아
길리기아
다소
안디옥
수리아
유대
다메섹
펠라
시돈
두로
예루살렘
나바테아
홍해
흑해
본도
비두니아
갈라디아
루가오니아
구브로
멤피스
안티노
나일강
알렉산드리아
이집트
비잔티움
아시아
버가모
에베소
빌립보
에게해
아덴
고린도
그레타
구레네
구레네
드니오프강
다시아
사르마티아
모에시아
트라키아
마케도니아
아가야
데살로니가
니고볼리
지중해
비스툴라강
일루리곤
아드리아해
수라구사
다뉴브강
이태리
로마
보디올
티르베니안 해
시실리
독일
포강
코르시카
사르디니아
칼타고
아프리카
라인강
마인츠
쾰른
리온
알프스
골
영국
런던
대서양
스페인
마우레타니아
로마제국시대
줄리우스 시저 시대까지의 로마제국 (B.C.44년)
아우구스투스 시저가 합병한 지역 (A.D.14년)
트라얀 로마 황제가 합병한 지역 (A.D.117년)
로마가 일시적으로 합병한 지역

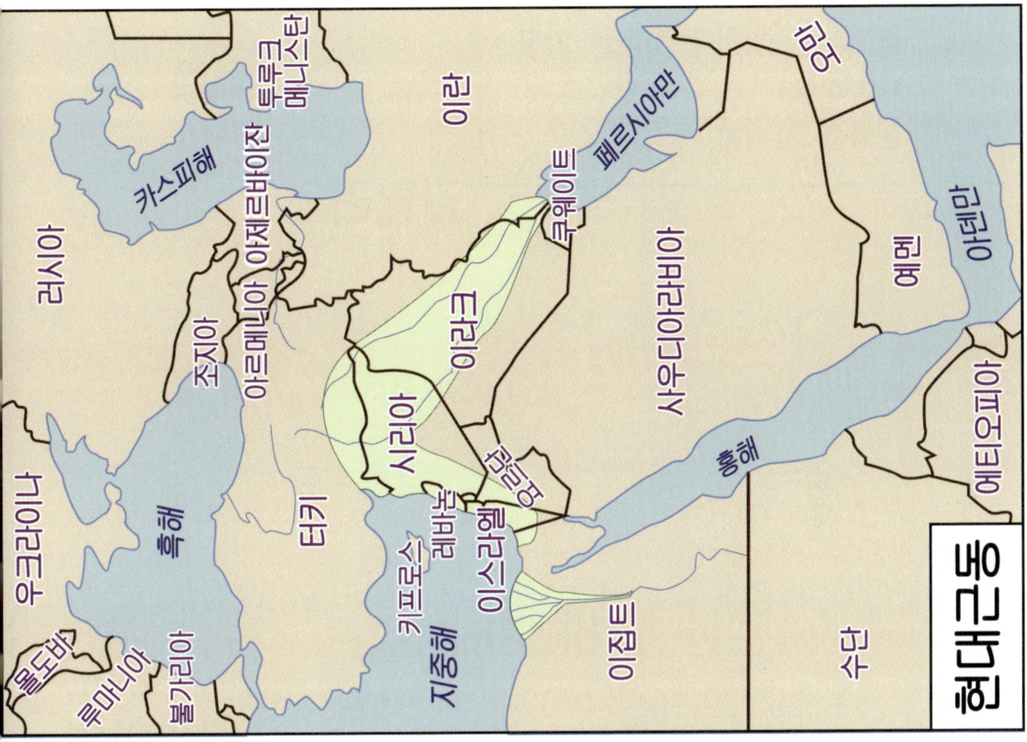
현대근동
러시아
카스피해
우크라이나
흑해
몰도바
루마니아
불가리아
조지아
아르메니아
아제르바이잔
투르크메니스탄
이란
터키
시리아
이라크
쿠웨이트
페르시아만
사우디아라비아
키프로스
레바논
이스라엘
요르단
지중해
이집트
홍해
수단
예멘
아덴만
에티오피아
오만

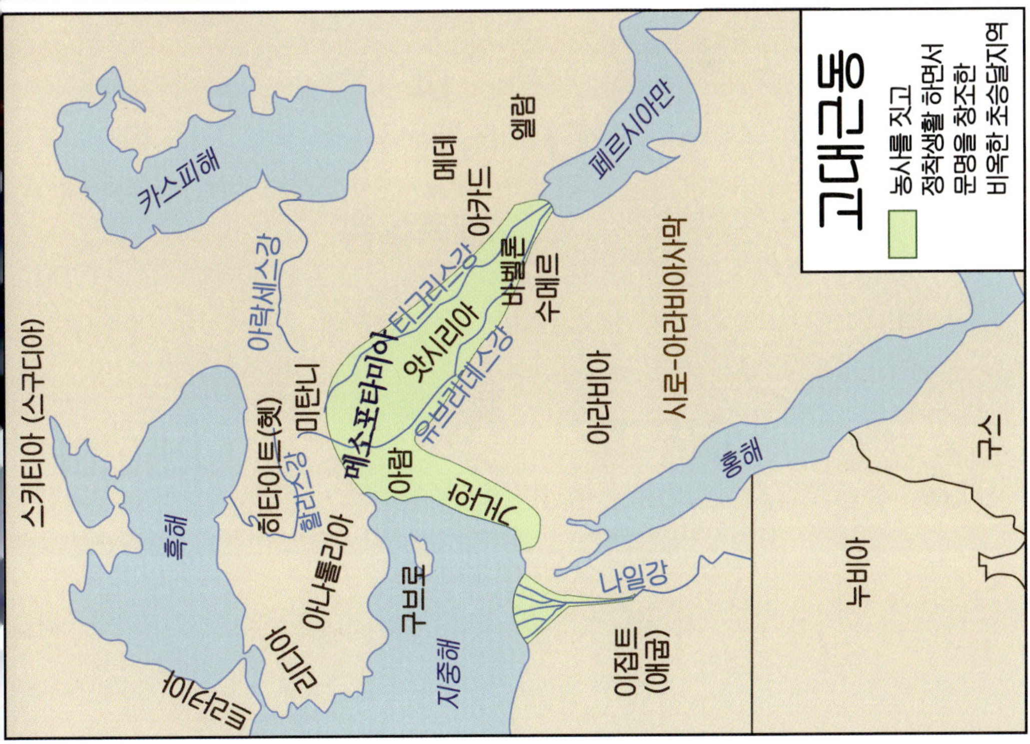
고대근동
농사를 짓고
정착생활 하면서
문명을 창조한
비옥한 초승달지역
스키티아 (스구디아)
카스피해
흑해
아락세스강
미탄니
히타이트(헷)
할리스강
아나톨리아
리디아
트라키아
메소포타미아
티그리스강
앗시리아
유브라데스강
아람
가나안
구브로
지중해
메대
아카드
엘람
바벨론
수메르
페르시아만
아라비아
시로-아라비아사막
홍해
구스
누비아
나일강
이집트
(애굽)

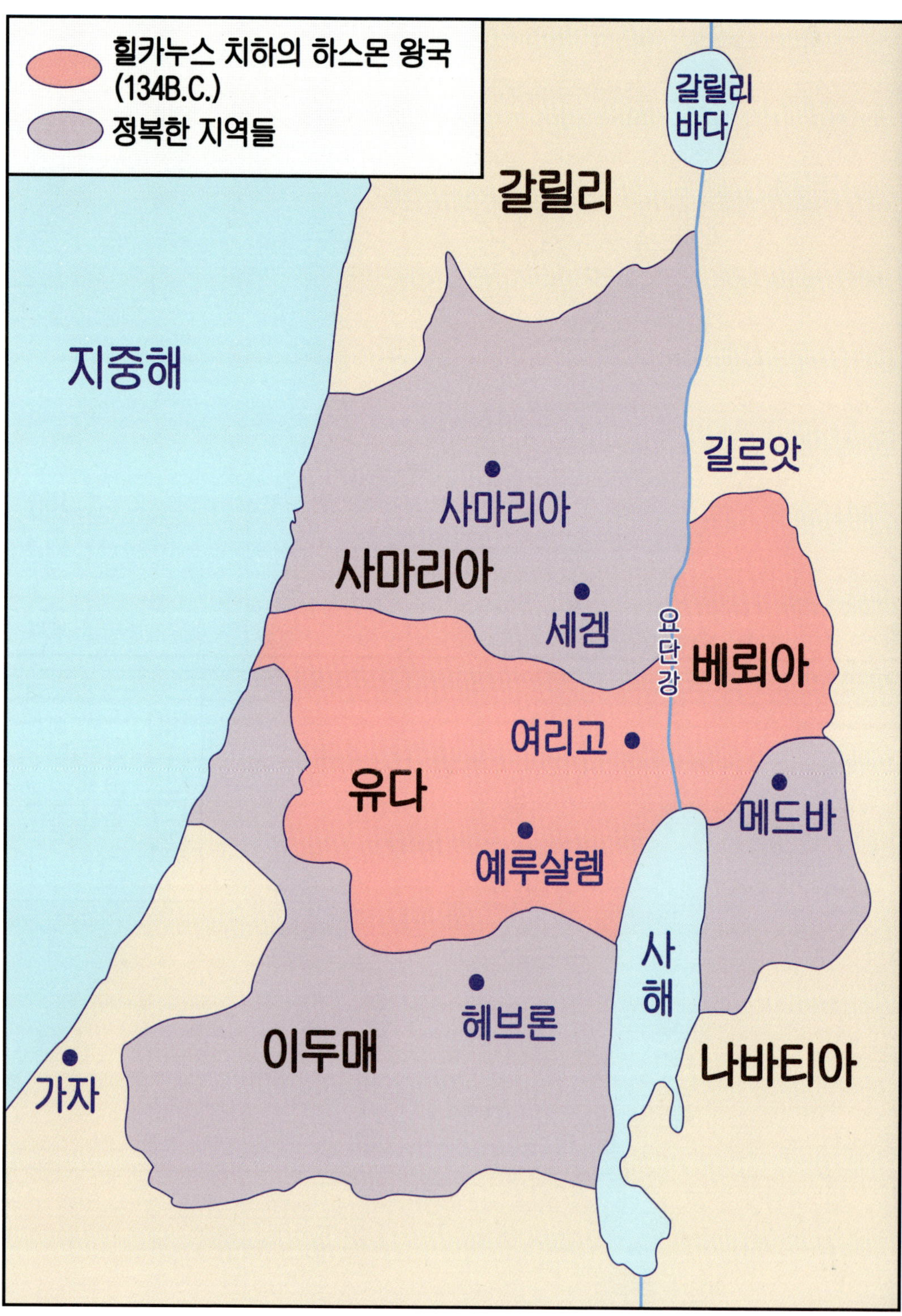
힐카누스 치하의 하스몬 왕국
(134B.C.)
정복한 지역들
갈릴리
바다
갈릴리
지중해
길르앗
사마리아
사마리아
세겜
요단강
베뢰아
여리고
유다
메드바
예루살렘
사
해
헤브론
이두매
나바티아
가자

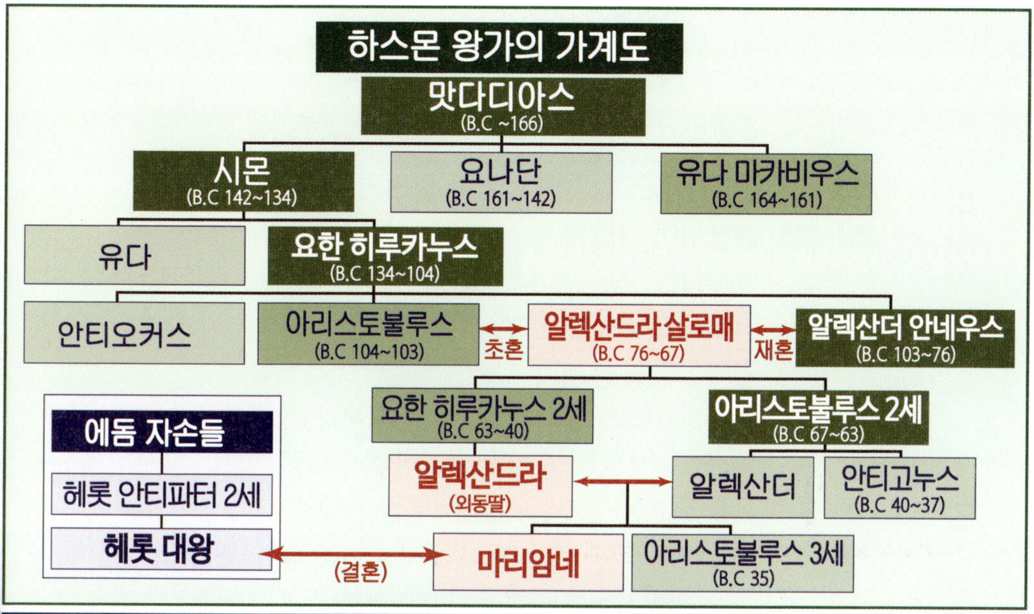
하스몬 왕가의 가계도
맛다디아스
(B.C ~166)
시몬
(B.C 142~134)
요나단
(B.C 161~142)
유다 마카비우스
(B.C 164~161)
유다
요한 히루카누스
(B.C 134~104)
안티오커스
아리스토불루스
(B.C 104~103)
초혼
알렉산드라 살로매
(B.C 76~67)
재혼
알렉산더 안네우스
(B.C 103~76)
요한 히루카누스 2세
(B.C 63~40)
아리스토불루스 2세
(B.C 67~63)
에돔 자손들
헤롯 안티파터 2세
헤롯 대왕
알렉산드라
(외동딸)
알렉산더
안티고누스
(B.C 40~37)
(결혼)
마리암네
아리스토불루스 3세
(B.C 35)

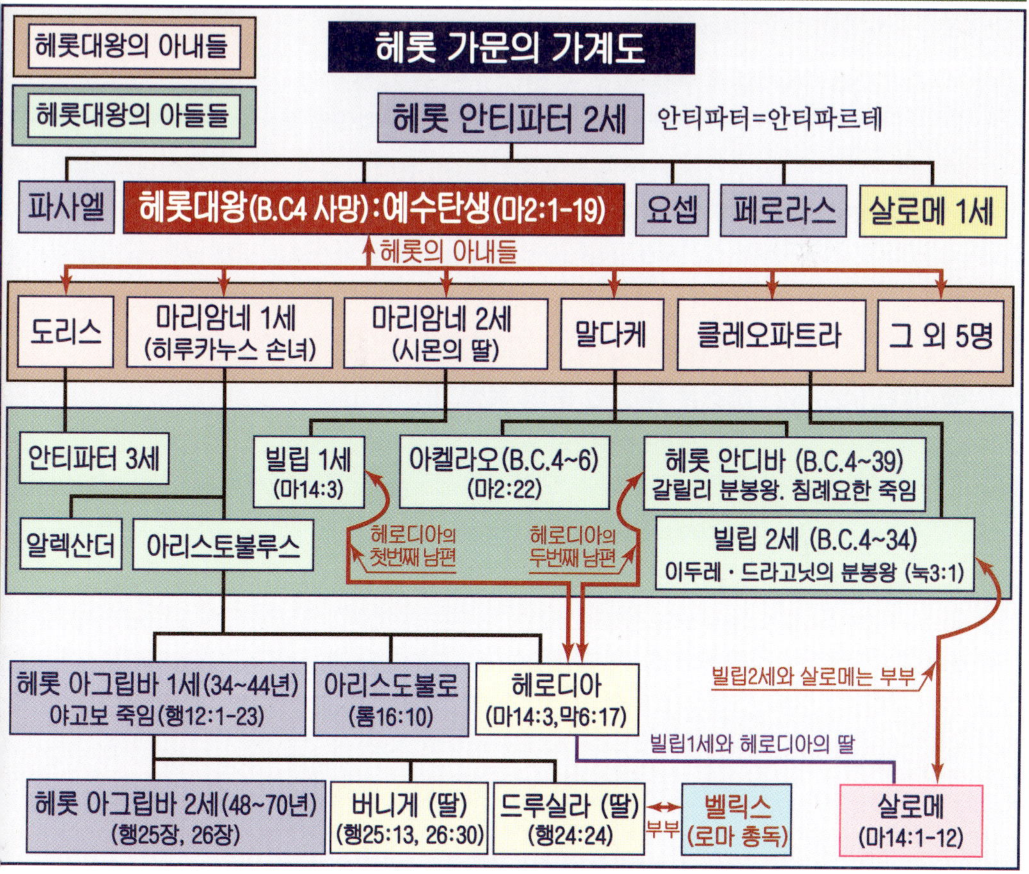
헤롯대왕의 아내들
헤롯대왕의 아들들
헤롯 가문의 가계도
헤롯 안티파터 2세
안티파터=안티파르테
파사엘
헤롯대왕(B.C4 사망):예수탄생(마2:1-19)
요셉
페로라스
살로메 1세
헤롯의 아내들
도리스
마리암네 1세
(히루카누스 손녀)
마리암네 2세
(시몬의 딸)
말다케
클레오파트라
그 외 5명
안티파터 3세
빌립 1세
(마14:3)
아켈라오(B.C.4~6)
(마2:22)
헤롯 안디바 (B.C.4~39)
갈릴리 분봉왕. 침례요한 죽임
알렉산더
아리스토불루스
헤로디아의
첫번째 남편
헤로디아의
두번째 남편
빌립 2세 (B.C.4~34)
이두레 · 드라고닛의 분봉왕 (눅3:1)
헤롯 아그립바 1세(34~44년)
야고보 죽임(행12:1-23)
아리스도불로
(롬16:10)
헤로디아
(마14:3,막6:17)
빌립2세와 살로메는 부부
빌립1세와 헤로디아의 딸
헤롯 아그립바 2세(48~70년)
(행25장, 26장)
버니게 (딸)
(행25:13, 26:30)
드루실라 (딸)
(행24:24)
부부
벨릭스
(로마 총독)
살로메
(마14:1-12)

구약과 신약의 중간사 연대표

구약의 마지막 선지자 말라기 이후 신약시대 이전까지 400년 간을 중간사라고 한다

시대	연대	내용
바사시대	B.C.435-424	**구약성경의 마지막 선지자 말라기**
	B.C.404-331	**페르시아 쇠퇴기** 아닥사스다2세 통치(404-359), 아닥사스다3세 통치(359-338) 아르세스 왕의 통치(338-335), 다리우스3세의 통치(335-331)
헬라시대	B.C.336-323	**알렉산더의 통치기 - 334년에 동방 원정 시작** 두로점령(332), 유다·가사·애굽점령(332), 알렉산더 病死(323) 알렉산더가 죽은 후 4명의 장군이 제국을 분할점령.
	B.C.301-201	**프톨레미 왕조의 팔레스틴·애굽 통치기** 프톨레미2세 통치(282-246) 기간 중 구약의 헬라어 **70인역 번역 시작**. 헬라 잔존 세력들 간의 정변 끝에 B.C.201년에 셀류쿠스 왕조의 안티오쿠스3세가 팔레스틴을 차지함.
	B.C.198-167	**셀류쿠스 왕조의 팔레스틴 통치기.** 안티오쿠스4세 에피파네스가 유대지역을 통치(175-163)하면서 유다에 대한 헬라화 정책(169), 유대인 핍박·성전에 우상설치(167).
유다독립시대	B.C.166-143	**마카비 혁명기** 맛다디아의 반란(166), 헬라화 반대 혁명 성공과 성전 복원(166-165). 수전절을 지키기 시작(164), 마카비의 엘라사 전투에서 전사(160). **※ 애굽의 알렉산드리아에서 70인역본 완성(150년경).**
	B.C.142-63	**하스몬 왕조의 독립 통치기** 로마로부터 유다의 독립권 인정(142), 그리심산의 성전 파괴(128). 아리스토불루스1세의 친사두개파 정책으로 바리새파 6천명 학살(104). 바리새파의 반란(94)·바리새파 내란으로 800명 십자가 처형(93).
로마시대	B.C.63-A.D.4	**로마장군 폼페이의 예루살렘 점령(63) 및 로마의 통치기** 이두매인 '안티파테르'가 로마승인 받아 팔레스타인 통치(55-43). 헤롯과 파사엘은 분봉왕(41), 대제사장 안타고누스가 왕이 됨(40-37). 헤롯이 갈릴리와 예루살렘을 점령·유다왕으로 즉위 및 통치(37-4). 가이사 아구스도가 로마황제로 즉위(27), 헤롯이 왕궁을 건축(24). 헤롯 성전착공(20), 선지자 요한과 예수의 탄생(B.C.4년으로 추정).

신약성경 지도

사도행전 1장

[3] 해 받으신 후에 또한 저희에게 확실한 많은 증거로
친히 사심을 나타내사 사십 일 동안 저희에게 보이시며
하나님 나라의 일을 말씀하시니라

[4] 사도와 같이 모이사 저희에게 분부하여 가라사대
예루살렘을 떠나지 말고 내게 들은 바
아버지의 약속하신 것을 기다리라

[5] 요한은 물로 침례를 베풀었으나
너희는 몇 날이 못 되어 성령으로 침례를 받으리라 하셨느니라

[6] 저희가 모였을 때에 예수께 묻자와 가로되
주께서 이스라엘 나라를 회복하심이 이 때니이까 하니

[7] 가라사대 때와 기한은 아버지께서 자기의 권한에 두셨으니
너희의 알 바 아니요

[8] 오직 성령이 너희에게 임하시면 너희가 권능을 받고
예루살렘과 온 유대와 사마리아와 땅 끝까지 이르러
내 증인이 되리라 하시니라

지중해
시리아
레바논
다메섹
골란고원
1967년 시리아로부터 점령.
1981년 이스라엘이 합병을
선언했지만 국제사회의
승인을 받지 못함
그발(비블로스)
바알벡
베이루트
시돈
헤르몬산
사르밧
가이사랴 빌립보
두로
고라신
가버나움
벳세다
갈릴리
호수
가다라
야르묵강
갈멜산
아벨므홀라
요르단
이
라
크
가이사랴
디셉
제라쉬(거라사)
브누엘
암만(랍바)
얍복강
여리고
느보산
웨스트뱅크(서안지구)
1967년 요르단으로부터 점령.
이스라엘이 서안지구 대부분
지역에 대한 통제권을 행사함.
동예루살렘 이스라엘 정착촌
건설 강행 문제는 중동갈등의
불씨.
메드바
예루살렘
마케루스
헤브론
사
해
아르논강
가자
카락(길하레셋)
세렛강
이스라엘
도벨
오봇
부논
가자지구
1967년 이집트로부터 점령.
2005년 주둔군 철수한 뒤
팔레스타인의 자치
구역이 됨.
페트라
아론의 산
딤나
이스라엘의 영토
이
집
트
홍
해
시나이 반도
1967년 이집트로부터 점령.
1979년 평화협정 뒤
이집트로 반환
사우디 아라비아
현재 이스라엘과 주변지역

헤롯 대왕이 다스리던 영토
아빌레네
이두래
헬몬산
가이사랴 빌립보
시리아(수리아)
지중해
페니키아(베니게)
가울란티스(골란)
가데스
하솔
가버나움
갈릴리
거르거사(엘쿠르시)
드라고닛
갈릴리 호수
히포
기손강
게베
다볼산
나사렛
가다라
데가볼리
가이사랴 (스트라토의 타워)
요단 건너편 베다니
므깃도
사마리아
거라사(제라쉬)
아마두스
필라델비아(암만)
사마리아(사바스테)
압복강
그리심산
알렉산드리아
욥바
도커스
베뢰아
엠마오
여리고
헤롯의 출생지 B.C.73년
감람산
구브로
에수부스(헤스본)
예루살렘
베다니
베드바
아스글론
힐가니아
유대
마케루스
헤로디움
헤브론
사해
아르논강
이두매(에돔)
맛사다
말라타
나바테
헤롯왕국의 경계 (B.C.43~B.C.4년경)
헤롯의 요새 도시
데가볼리 도시 (헤롯시대)

3. 헤롯 빌립2세 (눅3:1) - 헤롯의 아들
빌립이 BC4~AD33년까지 분봉왕으로서
드라고닛과 이두래를 다스리면서
가이사랴 빌립보를 건축, 벳세다를 재건했고,
AD34년에 사망했다.
복음서에 의하면 예수님께서는 단 한 번
가이사랴 빌립보에 갔을 뿐이다.
이두래
시리아
가이사랴 빌립보
벳세다
갈릴리 호수
갈릴리
드라고닛
지중해
가이사랴
사마리아
데가볼리
세바스테
(사마리아)
요단강
베뢰아
유다
예루살렘
사해
이두매 (에돔)
2. 헤롯 안티파스(안디바)
헤롯 대왕의 둘째 아들이며,
이복동생 빌립의 아내 헤로디아를
빼앗아 아내로 삼았다.
이곳을 BC4~AD39 동안 다스렸다.
성경에는
분봉왕 헤롯(마14:1),
헤롯왕(막6:14), 여우(눅13:32)로
기록되었다.
침례 요한을 죽인 자이기도 하다.
1. 헤롯 아켈라오
헤롯 대왕의 아들이며, 헤롯 안디바의 동생이다.
BC4~AD6년까지 유다·사마리아·이두매(에돔)의
분봉왕으로 다스렸으나
유대인의 불평으로 로마황제에 의해서 유배되고
로마총독이 직접 통치하였으며
예수님이 십자가에 못 박히실 때는 5대 총독으로
빌라도가 있었다(AD6~41년).
분봉 왕들의 지역
빌립
헤롯 안티파스
아켈라오
시리아 지역

지중해
페니키아
(베니게)
이두래
다메섹
헬몬산
두로
가이사랴 빌립보
골란
(가울라니티스)
갈릴리
고라신
돌레마이(악고)
가버나움
벳새다
갈릴리 호수
거르거사(엘쿠르시)
히포
바타네아
갈멜산
나사렛
디베리아
므깃도
다볼산
가다라
도라
데가볼리
가이사랴
예닌
스키토폴리스
(벧산)
사마리아
사마리아
거라사(제라쉬)
세겜
아볼로니아
그리심산
욥바
안디바드리
(아벡)
베뢰아
빌라델비아
(암만)
룻다
유대
여리고
암니아
아스돗
예루살렘
베다니
느보산
메드바
쿰란
베들레헴
아스글론
사해
나바테아
가자
헤브론
블레셋
엔게디
이두매(에돔)
마사다
브엘세바
예수님 시대의 무역로
해변 도로 (Via Maris)
왕의 도로

예수에 대한 구약의 예언과 신약의 성취

예수님에 대한 말씀	구약의 예언	신약의 성취
1. 여자의 후손으로 태어나심	창3:15	갈4:4
2. 마귀의 일을 멸하시고 마귀를 없이하심	창3:15	히2:14, 요일3:8 계12:9, 막1:38~39
3. 하나님의 아들로 오심	시2:7	마3:17, 마16:16
4. 아브라함의 후손	창22:18, 창12:3	마1:1, 갈3:16
5. 이삭의 아들	창21:12	눅3:23~34, 마1:2
6. 야곱의 아들	민24:17	눅3:23~34, 마1:2 눅1:33
7. 유다의 족속	창49:10	눅3:23~34, 마1:2 히7:14
8. 이새의 가계	사11:1	눅3:32, 마1:6
9. 다윗의 집	렘23:5	눅3:31, 마1:1 막9:10
10. 예수 그리스도의 선재성	미5:2, 사9:6, 단7:13	골1:17, 요17:7,24
11. 그가 주라고 불리실 것임	시110:1	마22:43~46
12. 임마누엘이 될 것임	사7:14	마1:23
13. 한 선지자가 될 것임	신18:15~18	마21:11
14. 제사장으로 오실 것임	시110:4	히5:5~6
15. 하나님의 심판자	사33:22	요5:30, 계18:5~6
16. 왕 중의 왕이요, 주 중의 주라	시2:6, 시32:1~4	요18:3, 계19:16
17. 멜기세덱의 반차를 따라 오심	시110:1~7	히5장; 6:20; 7장
18. 성전을 향한 그의 열심	시69:9	요2:15~17, 마21:12~17
19. 전령이 길을 예비함	사40:3	마3:1~3

예수님에 대한 말씀	구약의 예언	신약의 성취
20. 처녀로 태어나심	사7:14	마1:18, 눅1:35
21. 베들레헴에서 태어나심	미5:2	마2:1
22. 예물을 드림	시72:10	마2:11
23. 헤롯이 어린아이들을 죽임	렘31:15	마2:16~18
24. 예수께 성령이 임하심	사11:2	마3:16~17
25. 이방의 빛	사60:3, 출19:5~6	행13:47, 롬11:25
26. 갈릴리에서 시작하는 사역	사9:1	마4:12~16
27. 귀머거리가 듣고 소경이 봄	사29:18~19;35:5~6	마11:4~5, 요9:39
28. 비유의 선생	시78:2	마13:34~35
29. 성전에 들어오심	말3:1	마21:12
30. 나귀를 타고 예루살렘 입성	슥9:9	마21:4~7
31. 불뱀을 장대에 달라	민21:8,9	요3:14,15
32. 가룟 유다의 배반	시41:9	요13:16~26
33. 은 30세겔	슥11:10~12	마26:15
34. 성소에 던져진 돈	슥11:3	마27:3~10
35. 토기장이의 밭에 주어진 값	슥11:3	마27:7
36. 흩어지는 제자들	슥13:7	마26:31, 요16:32~33
37. 거짓 증인들에게 고소됨	시35:11~12	마26:59~60
38. 고소하는 자들 앞에서 침묵함	사53:7	마27:12
39. 상함과 찔림	사53:5	마27:16,26
40. 매 맞고 침 뱉음을 당함	사50:6	마26:67
41. 조롱당함	시22:7~8	마27:39~42

예수님에 대한 말씀	구약의 예언	신약의 성취
42. 찔리신 손과 발	시22:16	요20:25
43. 저주의 나무에 달리심	신21:22~23	갈3:13
44. 강도와 함께 십자가에 못박힘	사53:12	마27:38
45. 핍박하는 자를 위해 기도함	사53:12	눅23:34
46. 자기 백성들에 의해 거절당함	사53:3	요7:5
47. 이유 없이 미움 받음	시69:4	요15:24~25
48. 멀찍이 떨어져 있던 친구들	시38:11	눅23:49
49. 사람들이 자신의 머리를 흔듦	시109:25	마27:39
50. 응시함	시22:17	눅23:35
51. 제비 뽑아 나눈 옷	시22:18	요19:23~24
52. 갈증을 겪음	시69:21	요19:28, 마27:34,48
53. 쓸개즙과 초	시69:20,21	마27:34
54. 버림 받음에 대한 부르짖음	시22:1	마27:46
55. 자신을 하나님께 의탁함	시31:5	눅23:46
56. 부러지지 않은 뼈들	출12:46, 시34:20	요19:31~36
57. 그의 찔린 옆구리	슥12:10	요19:34
58. 땅 위에 임한 어두움	암8:9	마27:45
59. 부자의 묘에 묻힘	사53:9	마27:57~60
60. 모퉁이의 머릿돌이 되심	시118:22, 사28:16	마21:42, 엡2:20 벧전2:7, 행4:10~12
61. 부활	시16:10	행2:31
62. 승천	시68:18	행1:9
63. 하나님의 우편	시110:1	히1:3

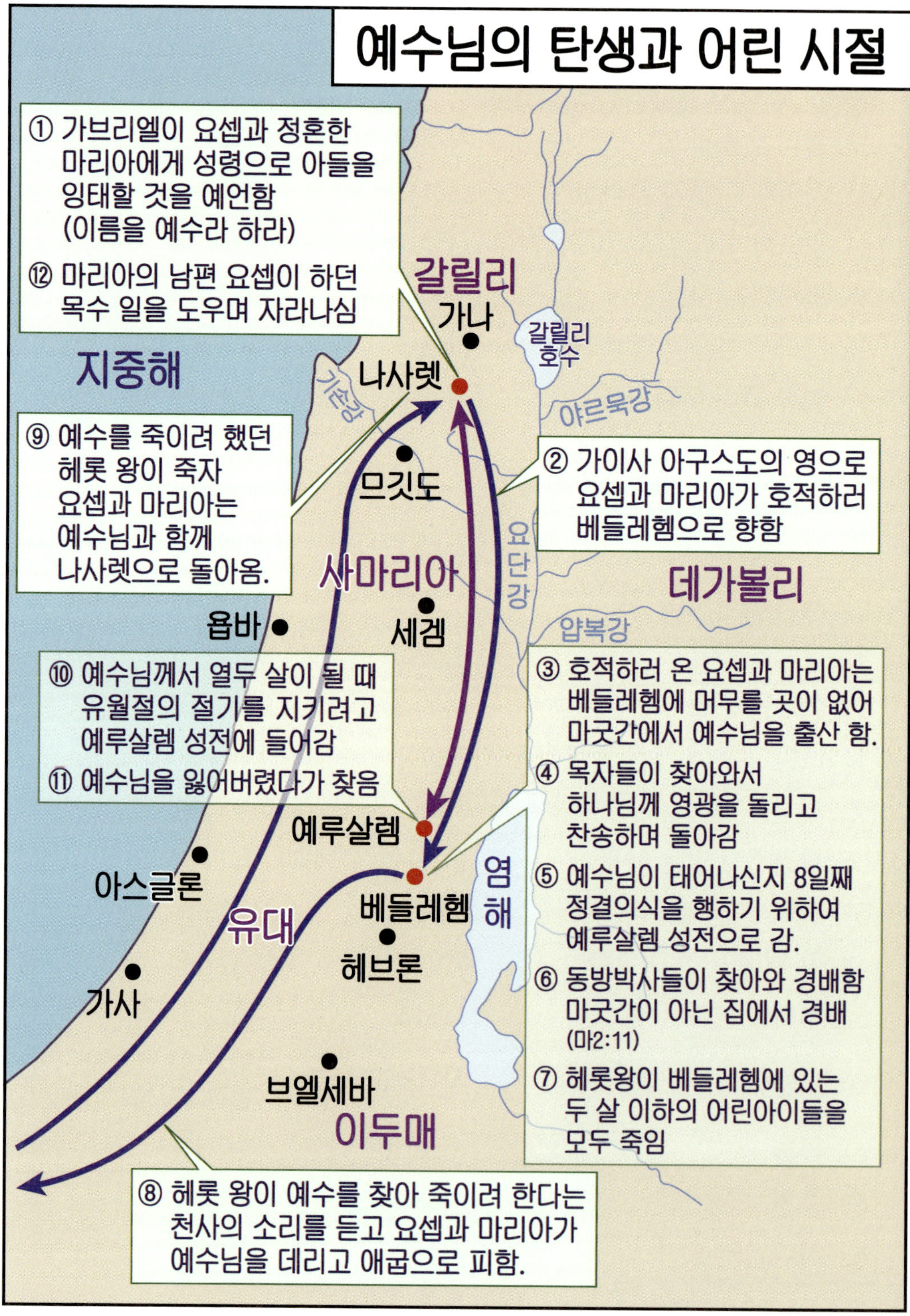
예수님의 탄생과 어린 시절
① 가브리엘이 요셉과 정혼한 마리아에게 성령으로 아들을 잉태할 것을 예언함 (이름을 예수라 하라)
⑫ 마리아의 남편 요셉이 하던 목수 일을 도우며 자라나심
갈릴리
가나
갈릴리 호수
지중해
나사렛
기손강
야르묵강
⑨ 예수를 죽이려 했던 헤롯 왕이 죽자 요셉과 마리아는 예수님과 함께 나사렛으로 돌아옴.
므깃도
② 가이사 아구스도의 영으로 요셉과 마리아가 호적하러 베들레헴으로 향함
요단강
사마리아
데가볼리
욥바
세겜
얍복강
⑩ 예수님께서 열두 살이 될 때 유월절의 절기를 지키려고 예루살렘 성전에 들어감
⑪ 예수님을 잃어버렸다가 찾음
③ 호적하러 온 요셉과 마리아는 베들레헴에 머무를 곳이 없어 마굿간에서 예수님을 출산 함.
④ 목자들이 찾아와서 하나님께 영광을 돌리고 찬송하며 돌아감
예루살렘
아스글론
베들레헴
염해
⑤ 예수님이 태어나신지 8일째 정결의식을 행하기 위하여 예루살렘 성전으로 감.
유대
헤브론
⑥ 동방박사들이 찾아와 경배함 마굿간이 아닌 집에서 경배 (마2:11)
가사
브엘세바
⑦ 헤롯왕이 베들레헴에 있는 두 살 이하의 어린아이들을 모두 죽임
이두매
⑧ 헤롯 왕이 예수를 찾아 죽이려 한다는 천사의 소리를 듣고 요셉과 마리아가 예수님을 데리고 애굽으로 피함.

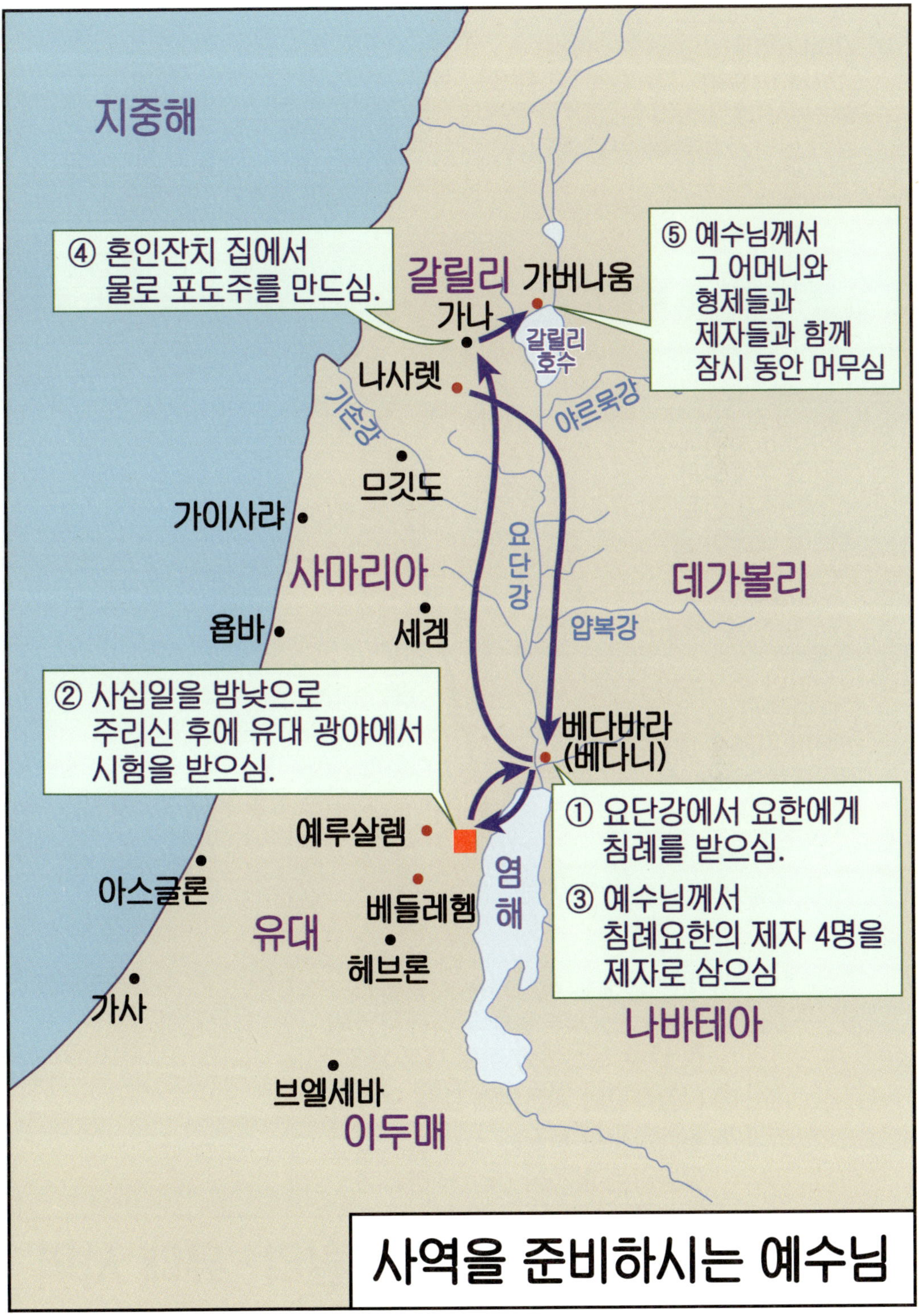
지중해
④ 혼인잔치 집에서
물로 포도주를 만드심.
갈릴리
가버나움
⑤ 예수님께서
그 어머니와
형제들과
제자들과 함께
잠시 동안 머무심
가나
갈릴리
호수
나사렛
기손강
야르묵강
므깃도
가이사랴
요단강
사마리아
데가볼리
욥바
세겜
압복강
② 사십일을 밤낮으로
주리신 후에 유대 광야에서
시험을 받으심.
베다바라
(베다니)
① 요단강에서 요한에게
침례를 받으심.
③ 예수님께서
침례요한의 제자 4명을
제자로 삼으심
예루살렘
염해
아스글론
베들레헴
유대
헤브론
가사
나바테아
브엘세바
이두매
사역을 준비하시는 예수님

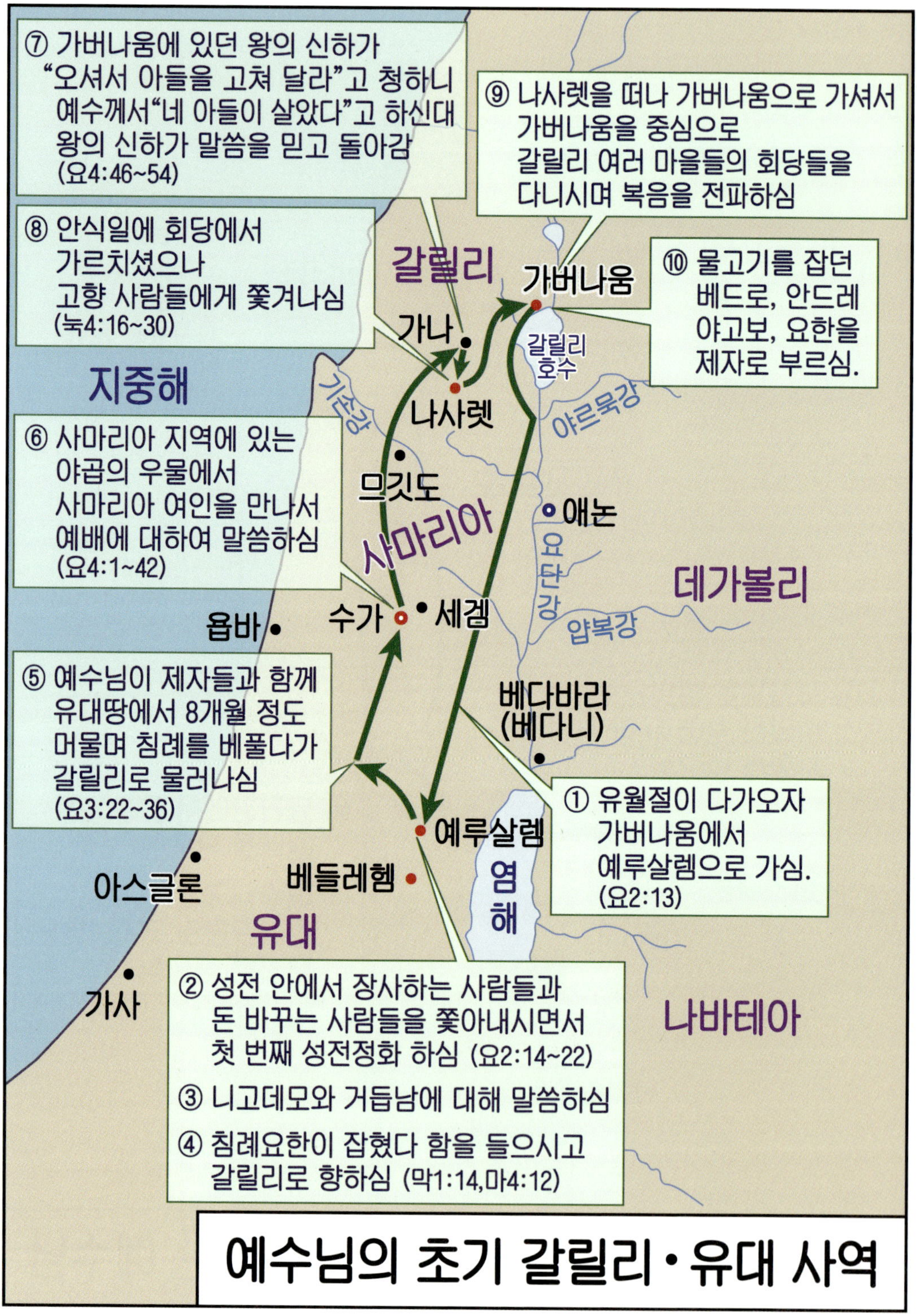

예수님의 초기 갈릴리·유대 사역

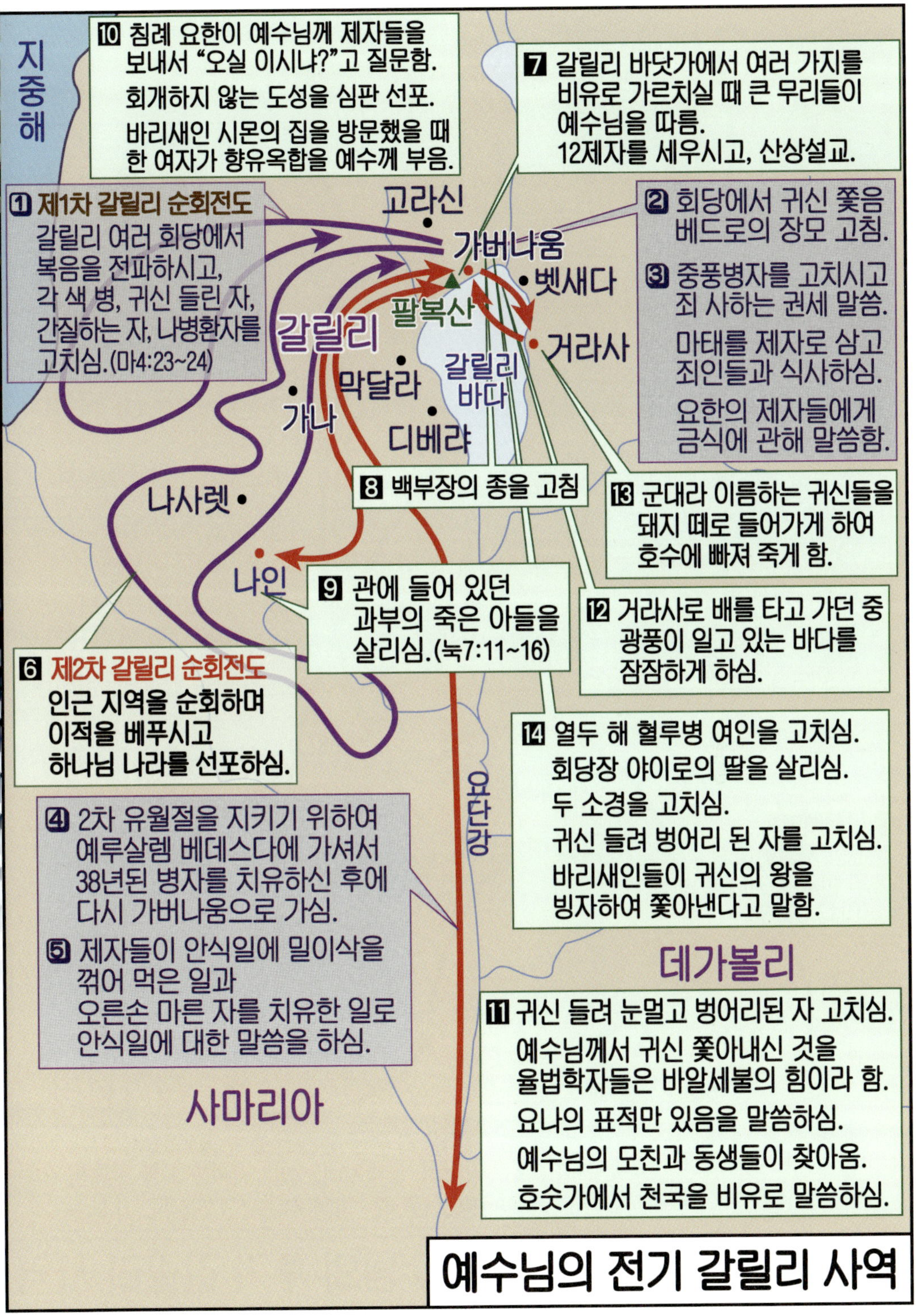
지중해
⑩ 침례 요한이 예수님께 제자들을 보내서 "오실 이시냐?"고 질문함.
회개하지 않는 도성을 심판 선포.
바리새인 시몬의 집을 방문했을 때 한 여자가 향유옥합을 예수께 부음.
⑦ 갈릴리 바닷가에서 여러 가지를 비유로 가르치실 때 큰 무리들이 예수님을 따름.
12제자를 세우시고, 산상설교.
① 제1차 갈릴리 순회전도
갈릴리 여러 회당에서 복음을 전파하시고, 각 색 병, 귀신 들린 자, 간질하는 자, 나병환자를 고치심.(마4:23~24)
고라신
가버나움
벳새다
팔복산
갈릴리
거라사
막달라
갈릴리 바다
가나
디베랴
② 회당에서 귀신 쫓음
베드로의 장모 고침.
③ 중풍병자를 고치시고 죄 사하는 권세 말씀.
마태를 제자로 삼고 죄인들과 식사하심.
요한의 제자들에게 금식에 관해 말씀함.
⑧ 백부장의 종을 고침
나사렛
⑬ 군대라 이름하는 귀신들을 돼지 떼로 들어가게 하여 호수에 빠져 죽게 함.
나인
⑨ 관에 들어 있던 과부의 죽은 아들을 살리심.(눅7:11~16)
⑫ 거라사로 배를 타고 가던 중 광풍이 일고 있는 바다를 잠잠하게 하심.
⑥ 제2차 갈릴리 순회전도
인근 지역을 순회하며 이적을 베푸시고 하나님 나라를 선포하심.
⑭ 열두 해 혈루병 여인을 고치심.
회당장 야이로의 딸을 살리심.
두 소경을 고치심.
귀신 들려 벙어리 된 자를 고치심.
바리새인들이 귀신의 왕을 빙자하여 쫓아낸다고 말함.
요단강
④ 2차 유월절을 지키기 위하여 예루살렘 베데스다에 가서서 38년된 병자를 치유하신 후에 다시 가버나움으로 가심.
⑤ 제자들이 안식일에 밀이삭을 꺾어 먹은 일과
오른손 마른 자를 치유한 일로 안식일에 대한 말씀을 하심.
데가볼리
⑪ 귀신 들려 눈멀고 벙어리된 자 고치심.
예수님께서 귀신 쫓아내신 것을 율법학자들은 바알세불의 힘이라 함.
요나의 표적만 있음을 말씀하심.
예수님의 모친과 동생들이 찾아옴.
호숫가에서 천국을 비유로 말씀하심.
사마리아
예수님의 전기 갈릴리 사역

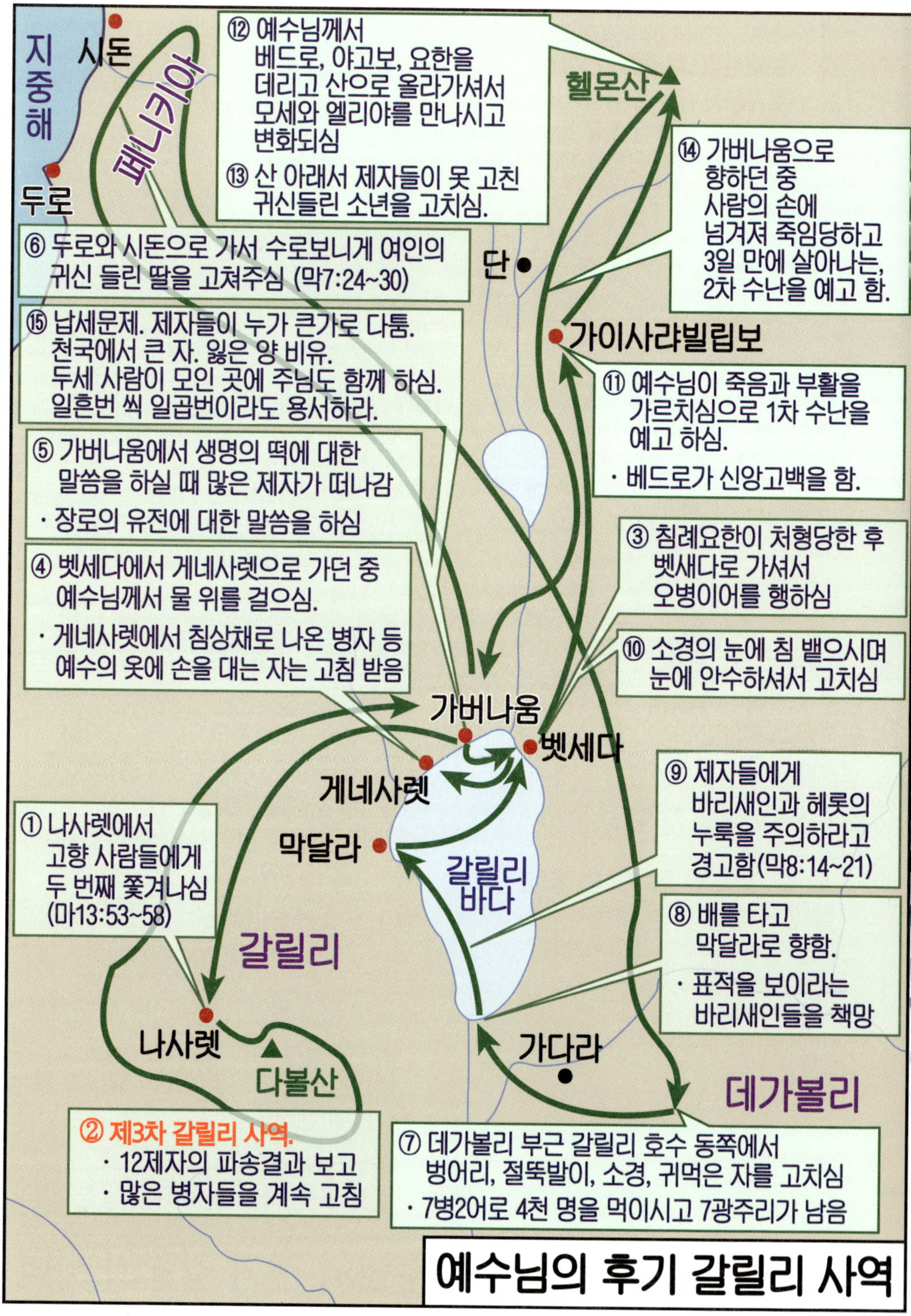

예수님의 후기 갈릴리 사역

예수님의 마지막 예루살렘 · 유대 사역

예루살렘에서 예수님의 마지막 밤 여정
유대인들은 예수님을 빌라도 법정으로 끌고가서 유대인의 왕이라고 했다는 죄를 뒤집어 씌우고 최고의 법관 빌라도를 통해 십자가 형을 받아냄.
이마에서 떨어지는 땀방울이 핏방울이 되기까지 기도하고 붙잡히심.
빌라도 법정
골고다
겟세마네 동산
6
4
2
로마병사들에게 희롱과 학대를 당하신 예수님은 빌라도에게 사형언도를 받고 골고다까지 십자가를 지고 가셔서 처형당하심.
성전
헤롯궁
5
처음에 예수님을 무죄 판결내린 빌라도에 대한 항의로 헤롯에게 데려왔으나 병사들이 예수님을 조롱하고 빌라도에게 다시 보냄
기드론계곡
3
대제사장의 법정
유대인들은 예수님을 대제사장에게 데려가서 신성모독죄를 뒤집어 씌우고 죽일 구실을 만듦.
예수님이 제자들과 최후의 만찬한 곳. 유다의 배신과 베드로의 부인을 예고.
1
예루살렘
다락방

신약시대의 예루살렘
예수님 당시의 성벽
아그립바 1세가 세운 후기 성벽
오늘날의 성벽
가이사랴로 가는 길
욥바로 가는 길
여리고로 가는 길
베데스다 못
빌라도 법정
양문
성전
황금문
겟세마네
감람산으로
골고다
연못
다리
주랑
솔로몬 행각
미문
기드론 계곡
무덤들
왕의 주랑
하스몬 궁전
계단
거리
베다니로 가는 길
헤롯 궁전
마차경주장
극장
헤롯거리
수로관
기혼샘
터널(553m)
가야바의 집
다윗성
다락방
실로암 못
힌놈의 골짜기
엔로겔 샘
베들레헴으로 가는 길
아켈다마
사해로 가는 길

예수님의 생애 마지막 일주일 (견해 ①)

(마21~27장, 막11~15장, 눅19~23장, 요12~19장)

①에서 ⑲까지 "신약시대의 예루살렘" 그림 적용

①	일: 베다니에서 출발 후 감람산 아래의 벳바게에서 나귀를 구해서 타고 가심.
②	일: 성전을 둘러 보시고 12제자들과 베다니로 돌아감.
③	월: 베다니에서 열매 없는 무화과나무를 저주하심.
④	월: 성전의 상인들을 내쫓으시고, 병자들을 고친 후 베다니로 돌아감.
⑤	화: 성전에서 여러 지도자들과 권세, 납세, 부활, 계명, 다윗에 대해 논쟁함.
⑥	화: 베다니로 가는 길에 감람산에서 종말에 대해 설교함.
⑦	수: 베다니 시몬의 집에서 마리아가 예수님께 향유를 부음. 유대 지도자들이 예수님을 죽일 음모를 꾸미고 가룟 유다가 배신 함.
⑧	목: 예루살렘의 어느 다락방에서 최후의 만찬을 함. 고별 설교를 하고, 유다의 배신과 베드로의 3회 부인을 예고함.
⑨	목: 감람산 기슭 겟세마네에서 밤새 기도하심.
⑩	금: 새벽에 가룟 유다가 데려온 유대 지도자들의 종들에게 붙잡히심.
⑪	금: 안나스에게 심문을 받고, 베드로가 예수님을 3회 부인함. 날이 밝음
⑫	금: 성전에서 대제사장 가야바와 산헤드린에게 심문을 받음. 배신한 가룟 유다가 자살함
⑬	금: 빌라도가 예수님은 무죄라고 했지만 백성들의 항의로 헤롯에게 보냄.
⑭	금: 헤롯의 병사들이 예수님을 학대하고 희롱한 후, 빌라도에게 보냄.
⑮	금: 빌라도는 다시 무죄를 선고했지만 백성들의 항의로 결국 십자가형을 선고함.
⑯	금: 로마 병사들에게 희롱당하고, 십자가를 지고 가심.
⑰	금: 오전 9시경 십자가에 매달리심.
⑱	금: 정오부터 오후 3시까지 어둠이 들고, 땅이 진동하니 많은 사람이 두려워함.
⑲	금: 아리마대 요셉 소유의 무덤에 장사되고, 무덤은 돌로 막고, 경비병들이 지킴.

예수님의 생애 마지막 일주일 (견해 ②)

(욘1:17,마12:40,눅22:15~20,고전5:7,막15:42~47,막16:1~2)

수	제자들과 유월절 최후의 만찬을 행하심.
수	유월절 어린양으로서의 희생제물이 되셔서 십자가에 못 박혀 죽으심.
수	오후3시에 운명하신 예수님을 아리마대 요셉 소유의 무덤에 장사함.
목	수요일 오후6시부터 목요일 오후 6시까지 무교절 첫날의 안식일.
금	무교절의 안식일이 지나고 정규 안식일이 시작되기 전에 막달라 마리아 · 야고보의 어머니 마리아 · 살로메가 향품을 준비해 둠.
토	금요일 오후6시부터 토요일 오후6시까지 정규 안식일
일	정규 안식일이 지나고 이른 새벽에 예수님께 향품을 바르려고 막달라 마리아 · 야고보의 어머니 마리아 · 살로메가 예수님의 무덤을 찾음.
일	새벽에 여인들이 무덤을 방문했으나 예수님은 부활하시고 안 계셨음.

히브리적인 시간 개념으로 이해하기

Pm 6시 수	Pm 6시 목	Pm 6시 금	Pm 6시 토	Pm 6시 주일 Pm 6시
예수님의 고난과 죽으심	밤 Am 6시 낮	밤 Am 6시 낮	밤 Am 6시 낮	밤 Am 6시
	예수님께서 무덤에 묻혀 계심			부활하신 시간대
무교절안식일의 예비일 (요19:31)	무교절 첫날 안식일 (출12:16,레23:7,민28:18)	정기안식일의 예비일 (마27:62)	정기 안식일 (신5:12~15)	창조하신 안식일 (창2:1~3,출20:8~11)
유월절 제물로 희생되심	그 안식일이 큰 날이므로	여인들이 향품준비		부활하신 날 향품을 갖고 여인들이 무덤 방문
요한 1:29 고전 5:07 누가22:15~20 마가15:34~47	요19:31	막15:34~6:1 눅23:56		마28:1~10 막16:2
	삼일삼야, 삼일 동안 무덤 문을 굳게 지킴 ←→ 욘1:17, 마12:40, 마27:62~66			

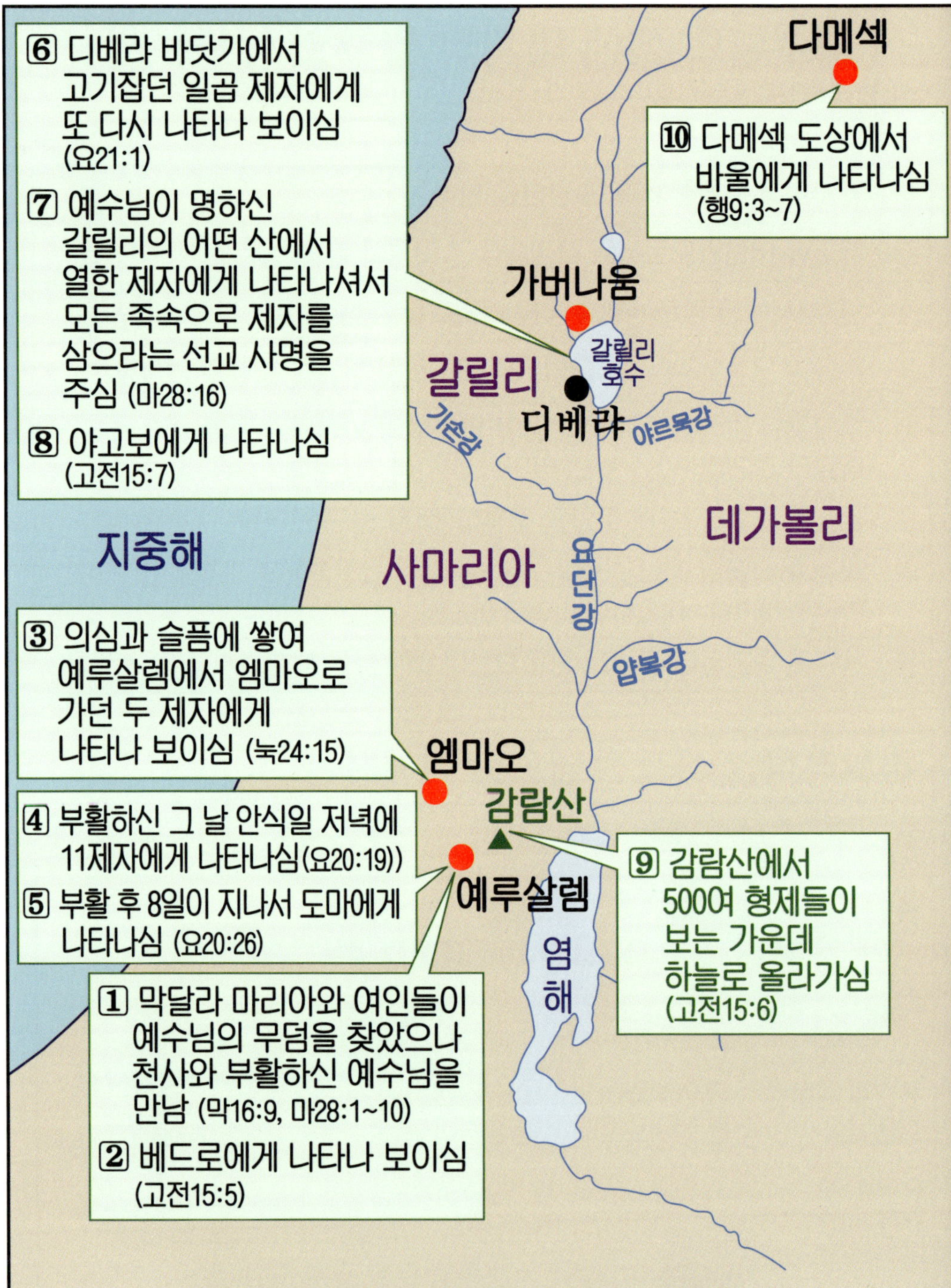
⑥ 디베랴 바닷가에서
고기잡던 일곱 제자에게
또 다시 나타나 보이심
(요21:1)
⑦ 예수님이 명하신
갈릴리의 어떤 산에서
열한 제자에게 나타나셔서
모든 족속으로 제자를
삼으라는 선교 사명을
주심 (마28:16)
⑧ 야고보에게 나타나심
(고전15:7)
다메섹
⑩ 다메섹 도상에서
바울에게 나타나심
(행9:3~7)
가버나움
갈릴리
갈릴리
호수
디베랴
기손강
야르묵강
데가볼리
지중해
사마리아
요단강
얍복강
③ 의심과 슬픔에 쌓여
예루살렘에서 엠마오로
가던 두 제자에게
나타나 보이심 (눅24:15)
엠마오
감람산
④ 부활하신 그 날 안식일 저녁에
11제자에게 나타나심(요20:19))
⑤ 부활 후 8일이 지나서 도마에게
나타나심 (요20:26)
예루살렘
⑨ 감람산에서
500여 형제들이
보는 가운데
하늘로 올라가심
(고전15:6)
염
해
① 막달라 마리아와 여인들이
예수님의 무덤을 찾았으나
천사와 부활하신 예수님을
만남 (막16:9, 마28:1~10)
② 베드로에게 나타나 보이심
(고전15:5)

예수님의 부활 이후 활동

신약성경이 기록된 장소
예루살렘
야고보서
유다서
마태복음
히브리서
안디옥
갑바도기아
흑해
비두니아와 본도
갈라디아
아시아
에베소
갈라디아서
고린도전서
요한복음
요한1,2,3서
요한계시록(밧모섬)
구브로
지중해
빌립보
고린도후서
디모데전서
디도서
고린도
데살로니가전서
데살로니가후서
로마서
유럽
사르디스만
로마
마가복음
누가복음
사도행전
베드로전서
베드로후서
에베소서
빌립보서
골로새서
빌레몬서
디모데후서
시실리아
코르시카
사르디아

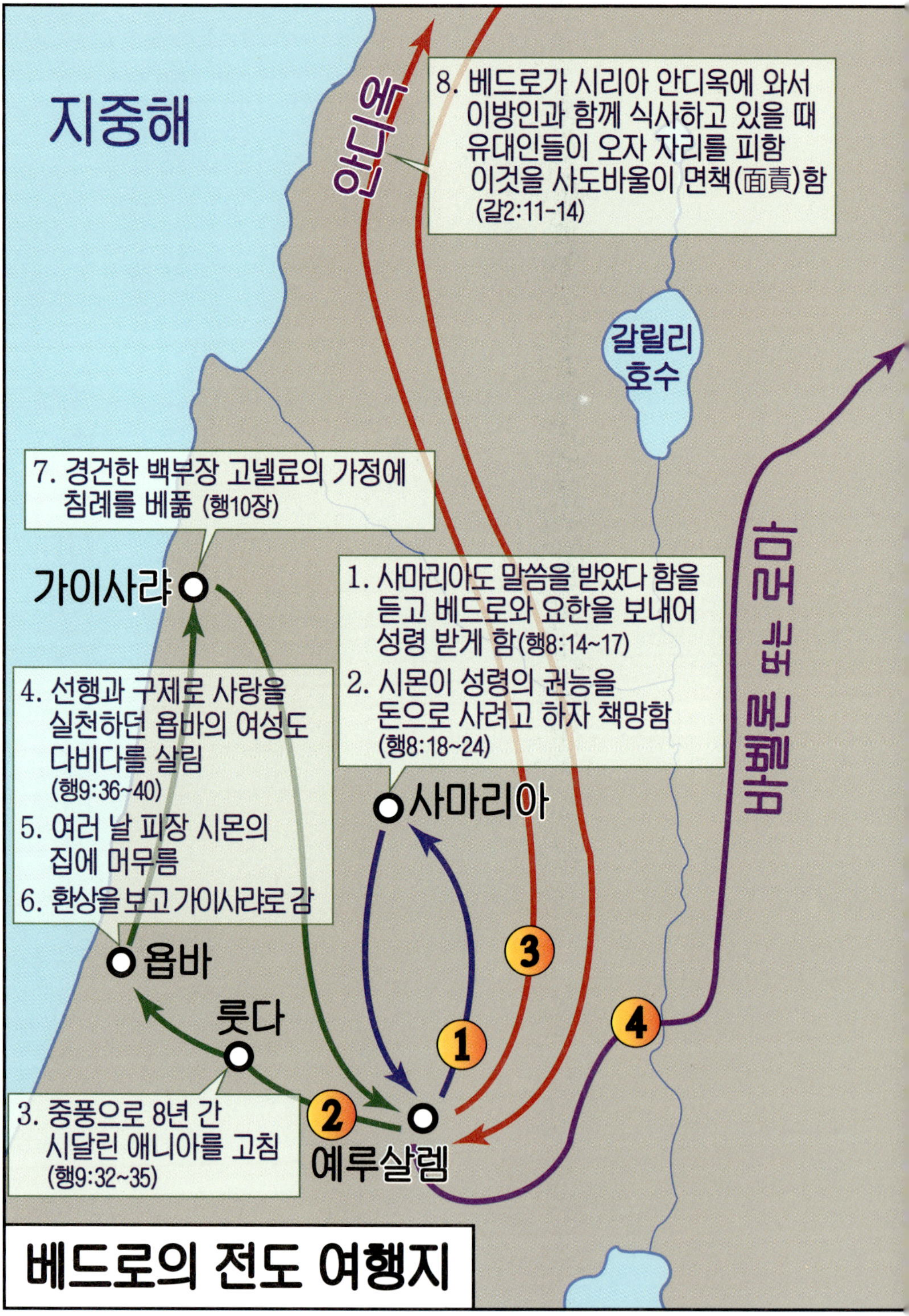
지중해
안디옥
8. 베드로가 시리아 안디옥에 와서 이방인과 함께 식사하고 있을 때 유대인들이 오자 자리를 피함 이것을 사도바울이 면책(面責)함 (갈2:11-14)
갈릴리 호수
7. 경건한 백부장 고넬료의 가정에 침례를 베풂 (행10장)
가이사랴
1. 사마리아도 말씀을 받았다 함을 듣고 베드로와 요한을 보내어 성령 받게 함(행8:14~17)
2. 시몬이 성령의 권능을 돈으로 사려고 하자 책망함 (행8:18~24)
사마리아
4. 선행과 구제로 사랑을 실천하던 욥바의 여성도 다비다를 살림 (행9:36~40)
5. 여러 날 피장 시몬의 집에 머무름
6. 환상을 보고 가이사랴로 감
욥바
룻다
3. 중풍으로 8년 간 시달린 애니아를 고침 (행9:32~35)
예루살렘
1
2
3
4
베드로의 전도 여행지

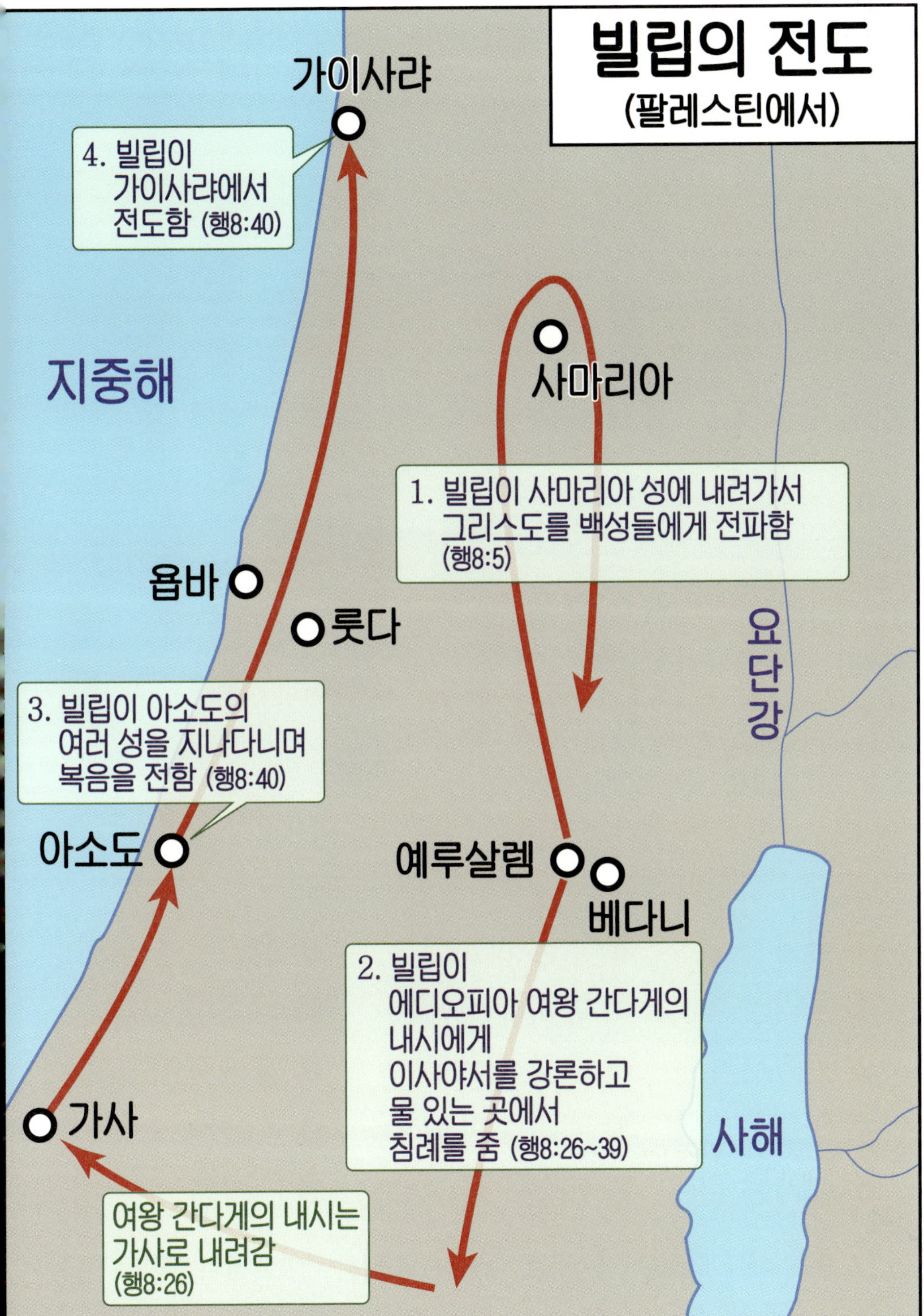
빌립의 전도
(팔레스틴에서)
가이사랴
4. 빌립이 가이사랴에서 전도함 (행8:40)
지중해
사마리아
1. 빌립이 사마리아 성에 내려가서 그리스도를 백성들에게 전파함 (행8:5)
욥바
룻다
요단강
3. 빌립이 아소도의 여러 성을 지나다니며 복음을 전함 (행8:40)
아소도
예루살렘
베다니
2. 빌립이 에디오피아 여왕 간다게의 내시에게 이사야서를 강론하고 물 있는 곳에서 침례를 줌 (행8:26~39)
가사
사해
여왕 간다게의 내시는 가사로 내려감 (행8:26)

고린도 약도

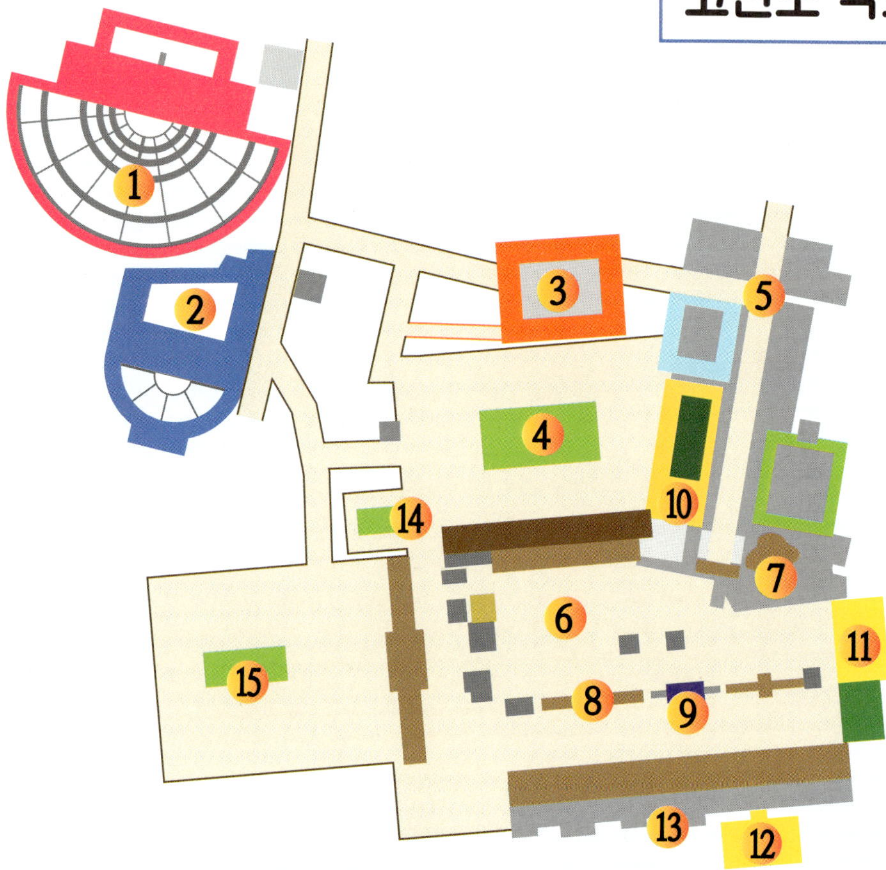

1 극장
2 음악당
3 고기시장
4 아폴로 신전
5 레케온 길
6 광장(아고라)
7 페이레네 운전
8 중앙 가게들
9 베마(재판석)
10 바실리카(공회당)
11 율리우스 공회당
12 남쪽 공회당
13 불레프리테리온
14 C 신전
15 E 신전

* 13 불레프리테리온 - 민회 등 시정운영을 위해 시의회 등이 열렸던 건물

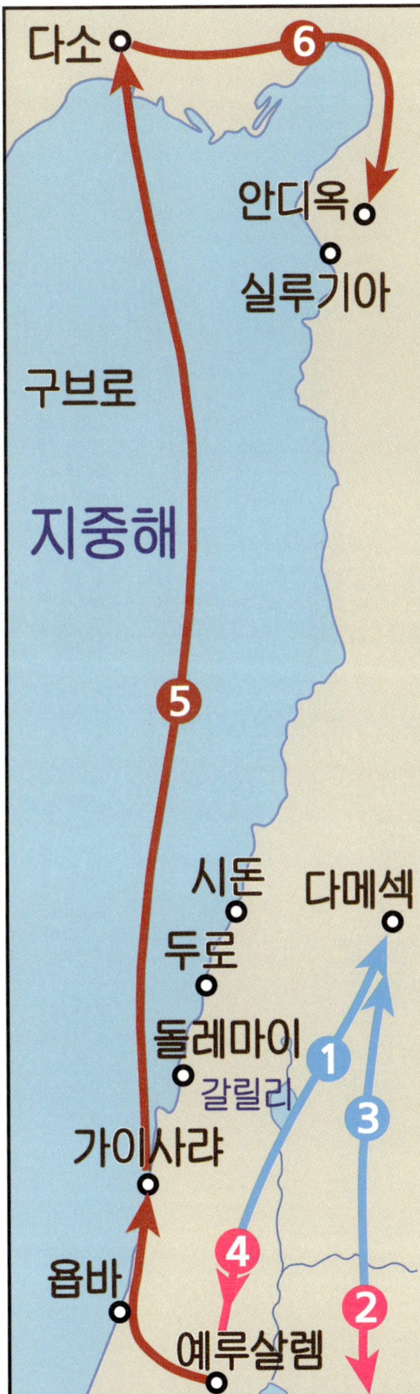

바울의 초기 사역

① 회심 (A.D.33년)
다메섹 도상에서 예수를 만남.(행9:1~)

② 아라비아로 내려가서 3년의 연단 생활

③ 다시 다메섹으로 돌아감(갈1:17)
다메섹에서 전도하다가 유대인이 죽이려하자 광주리로 성을 도망.(행9:25,고후11:32~33)

④ 1차 예루살렘 방문 (A.D.35년)
A.D.33년부터 3년 만에 베드로를 만나러 예루살렘에 가서 15일간 있으면서 베드로와 예수님 동생 야고보만 만났다.(갈1:18, 행9:26)

⑤ 고향인 다소로 피신
죽이려는 사람이 있어 고향인 다소로 피해(행9:30) 약 10년간 고향에 있었던 것 같다.
수리아와 길리기아 지방.(갈1:21)

⑥ 안디옥 교회 사역
이후 예루살렘에서 파송된 바나바가 다소에 가서 바울을 만나 안디옥 교회로 데려와 1년간 사역했다.(행11:25~26)

⑦ 2차 예루살렘 방문 (A.D.46년)
흉년이 들자 안디옥 교회에서 바나바와 함께 헌금을 보내려 예루살렘에 간다.(행11:30)
마가를 데리고 돌아온다.

바울의 후기 사역

⑧ 1차 전도여행 (47년~48년)

⑨ 3차 예루살렘 방문 (49년)

⑩ 2차 전도여행 (49년~52년)

⑪ 4차 예루살렘 방문 (52년)

⑫ 3차 전도여행 (52년~57년)
행18:23~21:26

⑬ 5차 예루살렘 방문과 체포 (57년 5월)

⑭ 1차 구금
59년9월 로마항해, 61년 로마도착 후 가택연금

⑮ 로마의 가택연금에서의 석방(63년 경)
석방 이후의 순회 사역

⑯ 2차 구금 (순교 때까지 마메틴 감옥에 구금됨)
디모데후서 기록

⑰ 순교 (67년 경)

바울의 초기사역과 후기사역 (화살표는 초기사역의 이동경로)

바울 서신이 기록된 장소
흑해
비두니아 본도
갑바도기아
갈라디아
아시아
안디옥
예루살렘
구브로
지중해
에베소
갈라디아서
고린도전서
빌립보
고린도후서
디모데전서
디도서
고린도
데살로니가전서
데살로니가후서
로마서
그레데
유럽
사르디스만
로마
에베소서
빌립보서
골로새서
빌레몬서
디모데후서
시실리아
코르시카
사르디아

바울 서신에 대하여

바울서신	내용정리	집필장소
갈라디아서 (일반서신)	자신의 사도권을 변호, 다른 복음과 율법주의에 대한 경계	1차 선교 후 예루살렘 (53~56년경)
데살로니가전서 (일반서신)	데살로니가 교인들을 격려, 그리스도의 강림과 죽은 자의 부활	2차 선교 중 고린도 (51년경)
데살로니가후서 (일반서신)	박해 받는 성도 격려, 올바른 재림관과 규모 있는 생활 권면	2차 선교 중 고린도 (51~52년경)
고린도전서 (일반서신)	교회분쟁과 은사의 잘못 활용 등, 교회 안에서의 약 11가지 문제 지적	3차 선교 중 에베소 (55~56년경)
고린도후서 (일반서신)	자신의 사도직을 변호, 유대주의자들을 척결, 연보를 부탁	3차 선교 중 빌립보 (56년 말경)
로마서 (일반서신)	로마 방문을 준비, 이신득의와 구원 받은 자의 삶	3차 선교 중 고린도 (57년 말경)
에베소서 (옥중서신)	예정하신 뜻 안에서 세워진 교회와 교회생활로 얻는 하늘의 신령한 복	가택연금 중 로마 (62년경)
골로새서 (옥중서신)	교회 안에 침투한 이단 척결, 교회의 머리되신 그리스도	가택연금 중 로마 (62~63년경)
빌레몬서 (옥중서신)	빌레몬의 재산을 훔쳐 로마로 도주한 종 오네시모를 용서할 것을 권면	가택연금 중 로마 (61~63년경)
빌립보서 (옥중서신)	유오디아 파와 순두게 파의 반목, 예수 안에서 서로 같은 마음을 품으라	가택연금 중 로마 (63년경)
디모데전서 (목회서신)	에베소 교회의 디모데에게 바른 목회 지침을 가르침	석방 후 2차 투옥 전 (63~65년경)
디도서 (목회서신)	그레데 교회의 질서를 바로 잡고, 디도에게 바른 목회 지침을 가르침	석방 후 니고볼리 (64~65년경)
디모데후서 (목회서신)	순교를 앞두고 전도사역을 회고하며, 전도자의 바른 자세를 가르침	석방 후 2차 투옥 중 (66~67년경)

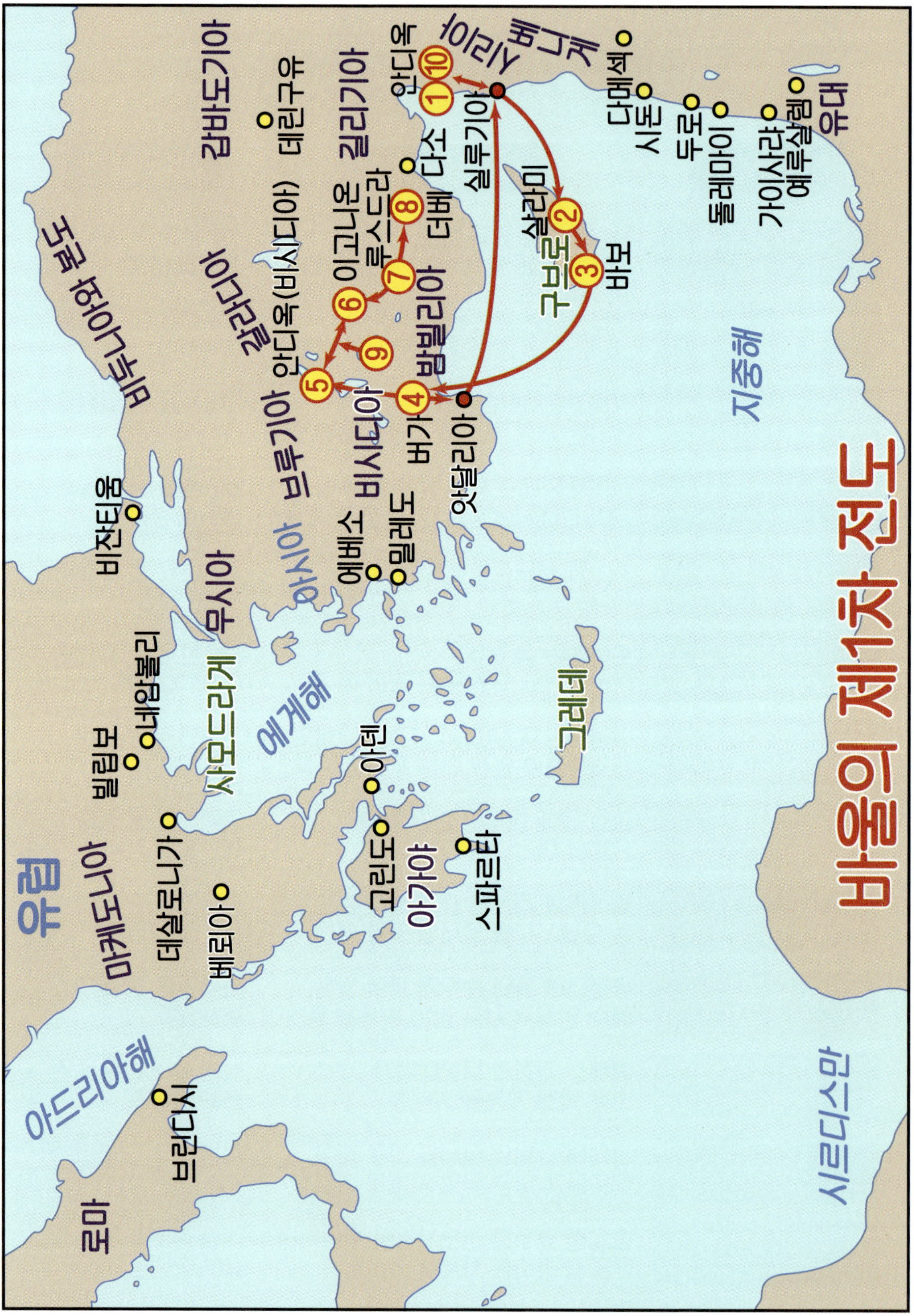
바울의 제1차 전도
지중해
시리디스만
구브로
살라미
바보
실루기아
안디옥
다소
길리기아
수리아
베니게
다메섹
시돈
두로
돌레마이
가이사랴
예루살렘
유대
갑바도기아
데린구유
더베
루스드라
이고니온
안디옥(비시디아)
갈라디아
밤빌리아
버가
앗달리아
비시디아
브루기아
아시아
에베소
밀레도
무시아
비두니아와 본도
비잔티움
사모드라게
네압볼리
빌립보
데살로니가
마게도니아
베뢰아
유럽
에게해
아덴
고린도
아가야
스파르타
그레데
아드리아해
브린디시
로마

바울의 1차 전도여행 행적

① 시리아의 안디옥 바울과 바나바가 출발함.	⑥ 이고니온 회당에서 복음 전하여 많은 이들이 회심함. 바울 일행을 습격한다고 하여 빠져나옴.
② 구브로의 살라미 유대인의 여러 회당에서 말씀을 선포하고 , 마가가 합류함.	⑦ 루스드라 걷지 못하는 사람을 걷게 하는 이적을 보임. 이들을 쫓아온 적대적 유대인들에게 쫓겨남.
③ 구브로의 바보 전도 방해꾼 박수 엘루마의 눈을 멀게 하고, 로마 총독 서기오 바울을 전도함.	⑧ 더베 복음을 전하고 제자를 삼은 후 왔던 길로 되돌아 감.
④ 밤빌리아의 버가 마가는 험준한 타우루스 산맥을 앞두고 중도 포기하여 예루살렘으로 돌아감.	⑨ 다시 시리아 안디옥으로 되돌아 가는 길 왔던 길을 되돌아 가면서 지도자들을 세우고 회심한 사람들을 굳건하게 함.
⑤ 비시디아의 안디옥 회당을 중심으로 복음 전하여 이방인들 회심. 설교하다가 유대인들에게 쫓겨남.	⑩ 시리아(수리아)의 안디옥 앗달리아에서 배를 타고 안디옥으로 돌아와 1차 전도여행을 마침.

바울의 제2차 전도
유럽
마케도니아
트라키아
비두니아와 본도
갈라디아
갑바도기아
길리기아
베니게
아시아
무시아
브루기아
비시디아
리디아
카리아
루기아
이오니아
밤빌리아
아가야
그레데
구브로
로도
고스
사모스
사모드라게
에게해
지중해
아드리아해
시르디스만
로마
유대
안디옥
다소
더베
루스드라
이고니온
안디옥(비시디아)
드로아
네압볼리
빌립보
암비볼리
아볼로니아
데살로니가
베뢰아
아덴
고린도
겐그레아
스파르타
에베소
밀레도
서머나
두아디라
버가모
아드라뭇데노
사데
비잔티움
브린디시
살라미
바보
실루기아
시돈
두로
돌레마이
가이사랴
예루살렘
다메섹
데린구유

바울의 2차 전도여행 행적

① 시리아(수리아)의 안디옥
마가와의 동행문제로 바나바와 갈라진 바울은
실라를 데리고 2차 전도여행을 출발함.
바나바는 마가를 데리고 구브로 섬으로 감.

② 루스드라
바울의 인생에서 가장 아끼던 청년 디모데를
만나게 되었고,
이때부터 디모데도 전도여행에 합류하게 됨.

③ 드로아
갈라디아 지방에서 아시아로 가려했으나
예수의 영이 허락하지 않아 무시아를 거쳐서
도착한 드로아에서 마케도니아인의 환상을 봄.

④ 빌립보
옷감장수 루디아에게 침례를 주었고,
점치는 여종의 귀신을 쫓아낸 사건으로 인해
바울과 실라가 감옥에 갇혔다가 풀려남.

⑤ 데살로니가
유대인들이 괴악한 사람들을 데리고
바울을 잡으려 하자 형제들이 베뢰아로 보냄.
바울을 따르던 야손이 유대인들에게 끌려 감.

⑥ 아덴(아테네)
아레오바고에서 철학자들과 설교함.
다른 곳에 비해 복음의 열매가 적음.

⑦ 고린도
2년 가까이 머물면서 말씀을 가르침.
아굴라와 부르스길라를 만남.
데살로니가전후서를 기록하여 디모데를 통해 보냄

⑧ 겐그레아
고린도에서 유대인들에 의해 총독 갈리오에게
재판에 넘겨졌다가 풀려나 여러 날 더 유한 후
겐그레아로 와서 서원한 대로 머리를 깎음.

바울의 제3차 전도
안디옥
다소
더베
루스드라
이고니온
안디옥(비시디아)
에베소
서머나
앗소
드로아
네압볼리
빌립보
암비볼리
아볼로니아
데살로니가
베뢰아
아덴
고린도
겐그레아
미둘레네
기오
사모스
밀레도
고스
로도
바다라
두로
돌레마이
가이사랴
예루살렘
시돈
다메섹
실루기아
살라미
바보
구브로
수리아
베니게
유대
길리기아
갈라디아
갑바도기아
비시디아
밤빌리아
루기아
가리아
리디아
부르기아
무시아
아시아
이오니아
비두니아 앤 본도
비잔티움
트라키아
마게도니아
유럽
아가야
스파르타
그레데
지중해
에게해
아드리아해
브린디시
로마
시르디스만
데린구유
사모드라게
레스보스

바울의 3차 전도여행 행적

① 시리아의 안디옥
바울이 3차 전도 여행을 출발함.

② 에베소
2년간 머물면서 두란노 서원에서 설교함.
고린도전서를 보냄. 귀신축출. 마술책 불사름.

③ 마케도니아
마케도니아에서 고린도후서를 보냄.

④ 고린도
복음을 전하면서 로마서를 기록하여 보냄.

⑤ 드로아
바울이 설교할 때 창에 걸터앉아 졸다가
3층 누에서 떨어져 죽은 유두고를 살림.

⑥ 두로
7일 동안 머뭄.
제자들이 예루살렘으로 가는 것을 만류함.

⑦ 바다라
베니게로 가는 배로 갈아탐.

⑧ 밀레도
에베소 교회의 장로들을 불러서
위로하고 격려하면서 고별 설교함.

⑨ 가이사랴
빌립 집사와 예언하는 딸을 만남.
바울이 예루살렘에 들어가면 유대인들에게
붙잡힐 것이며, 이방인들에게 넘겨질 것을
아가보가 예언함.
예루살렘으로 가는 것을 만류함.

바울의 제4차(로마) 전도
① 유대
② 예루살렘
가이사랴
시돈
시리아
안디옥
실루기아
다소
구브로
살라미
바보
지중해
③ 무라
루기아
밤빌리아
버가
길리기아
갑바도기아
더베
루스드라
이고니온
안디옥(비시디아)
갈라디아
비시디아
카리아
리디아
브루기아
아시아
비두니아와 본도
비잔티움
무시아
앗소
드로아
사데
서머나
에베소
밀레도
니도
이오니아
로도
살모네
미항
④ 그레데
⑤ 가우다섬
뵈닉스
유라굴로 광풍
에게해
아덴
고린도
겐그레아
아가야
스파르타
트라키아
빌립보
네압볼리
데살로니가
베뢰아
마케도니아
유럽
아드리아해
브린디시
이탈리아
폼페이
보디올
압비오광장
⑨
세 여관
⑩ 로마
티레니안 해
레기온
⑧ 수라구사
메시나
시칠리아
⑦ 멜리데
시르디스만
⑥
시르디스만

바울의 4차(로마) 전도여행 행적

① 예루살렘에서 가이사랴로
유대인들이 바울을 죽이려고 하자
군대가 호송하여 가이사랴로 감.

② 가이사랴
미결수로 2년 간 감옥에 있다가 로마로 향함.

③ 무라
로마로 가는 배로 갈아탐.

④ 미항
바울이 항해하기에 위험하다고 경고했지만
바울의 말을 듣지 않고 다시 출항함.

⑤ 가우다 섬 부근
미항을 떠난 후 곧 유라굴로 광풍을 만남.

⑥ 망망대해
14일간 표류함.

⑦ 멜리데
석달 동안 머물면서 복음을 전하였고,
병자들을 치료하며 후한 대접을 받음.

⑧ 수라구사
3일 동안 머무름.

⑨ 보디올
형제들을 만나 일주일 간 머무름.

⑩ 로마
1. 삼관(세 여관)과 압비오 광장까지
로마의 형제들이 마중 나옴.
2. 비교적 자유로운 가택연금 상태에서
2년 동안 머물며 복음을 전함.
3. 옥중에서 4개의 편지를 작성하여
에베소서, 골로새서, 빌레몬서는 두기고 편에
빌립보서는 에바브로디도 편에 보냄.

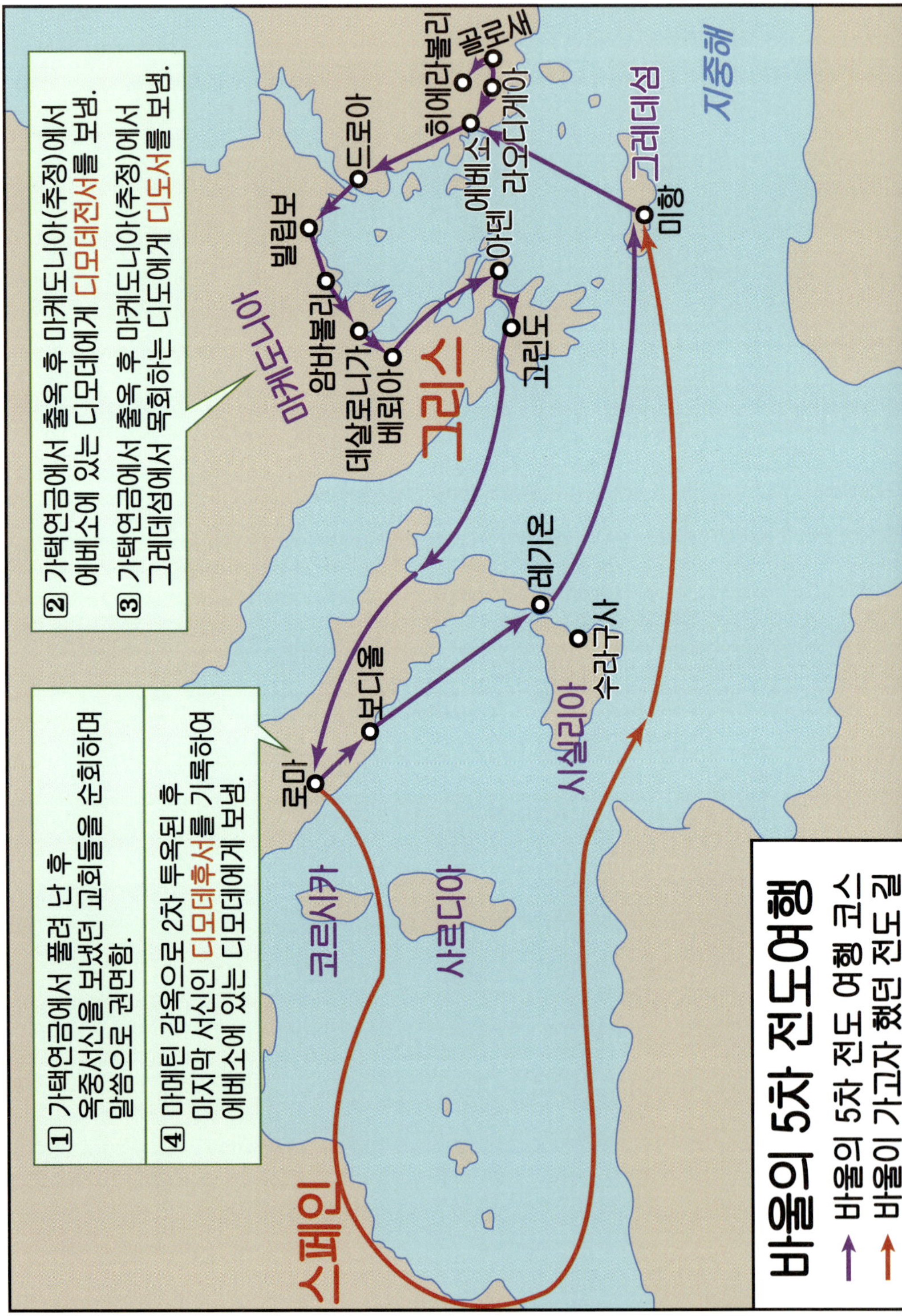
바울의 5차 전도여행
바울의 5차 전도 여행 코스
바울이 가고자 했던 전도 길
① 가택연금에서 풀려 난 후 옥중서신을 보냈던 교회들을 순회하며 말씀으로 권면함.
④ 마메르틴 감옥으로 2차 투옥된 후 마지막 서신인 디모데후서를 기록하여 에베소에 있는 디모데에게 보냄.
② 가택연금에서 출옥 후 마케도니아(추정)에서 에베소에 있는 디모데에게 디모데전서를 보냄.
③ 가택연금에서 출옥 후 마케도니아(추정)에서 그레데섬에서 목회하는 디도에게 디도서를 보냄.
스페인
코르시카
사르디니아
로마
보디올
시실리아
수라구사
레기온
그리스
마케도니아
고린도
아덴
데살로니가
베뢰아
암비볼리
빌립보
드로아
에베소
라오디게아
히에라볼리
골로새
그레데섬
미항
지중해

소아시아 일곱교회
흑해
본도
비두니아
갈라디아
안디옥(비시디아)
길리기아&
시리아
안디옥
다소
다메섹
구브로
유대
가이사랴
예루살렘
소아시아
버가모
두아디라
서머나
사데
에베소
빌라델비아
라오디게아
밧모섬
에게해
빌립보
그리스
고린도
그레데
지 중 해
이탈리아

소아시아 일곱교회의 비교

구분	에베소 교회 (계2:1~7)	서머나 교회 (계2:8~11)	버가모 교회 (계2:12~17)	두아디라 교회 (계2:18~29)	사데 교회 (계3:1~6)	빌라델비아 교회 (계3:7~13)	라오디게아 교회 (계3:14~22)
주님 모습	일곱별을 쥐고 일곱 금촛대 가운데 계시는 분.	처음이요, 나중이요, 죽었다가 살아나신 이.	좌우에 날 선 검을 가진 이.	눈이 불꽃 같고 발이 주석 같은 하나님의 아들.	하나님의 일곱별과 일곱 영을 가진 이.	다윗의 열쇠를 가지신 이.	아멘이시고, 충성되고 참된 증인. 하나님의 창조의 근본이신 이.
칭찬	악한 자와 거짓교사를 밝힘. 견디고 게으르지 아니함.	네 환난과 궁핍을 알고 있다. 너희의 실상은 부요한 자다.	믿음을 저버리지 아니했도다.	사업, 사랑, 믿음, 섬김, 인내를 안다. 나중 행위가 처음보다 많도다.	옷을 더럽히지 아니한 몇 명이 있도다.	내 말을 지키며 이름을 배반하지 아니 했도다.	없음
책망	처음 사랑을 버렸도다.	없음	발람과 니골라당의 교훈을 지키는 자가 있도다.	이세벨을 용납했고, 음행을 회개하지 아니 했도다.	살아있다하나 실상은 죽은 자다. 행위의 온전한 것을 찾지 못했다.	없음	차지도 아니하고 더웁지도 아니하도다.
경고 or 권면	회개하고 처음 행위를 가지라.	십일 동안 환난을 받으리라. 장차 받을 고난을 두려워 말라.	내 입의 검으로 그들과 싸우리라. 그러므로 회개하라.	큰 환난 가운데 던지고 그의 자녀를 죽이리라. 각 사람의 행위대로 갚아 주리라.	일깨지 아니하면 도적 같이 이르리라. 생각하고 지키어 회개하라.	네 면류관을 빼앗지 못하게 하라. 너를 지키어 시험의 때를 면하게 하리라.	차든지 덥든지 하라. 그렇지 않으면 내 입에서 너를 토하여 내치리라. 열심내어 회개하라.
약속	이기는 자에게는 하나님의 낙원에 있는 생명 나무의 과실을 먹게 하겠다.	죽도록 충성하면 생명의 면류관을 주겠다.	이기는 자에게는 만나와 흰 돌을 주겠다.	이기는 자와 지키는 자에게는 만국을 다스리는 권세와 새벽별을 주겠다.	이기는 자는 흰옷을 입고 그 이름을 생명책에 흐리지 아니하겠다.	이기는 자는 하나님의 성전에 기둥이 되게 하고 새 이름을 기록하겠다.	이기는 그에게는 내 보좌에 함께 앉게 하여 주겠다.

예수님의 열두 제자들의 순교

1. 베드로
주님을 배반하고 저주했던 그는 주님의 놀라운 용서를 체험한 후
머리가 땅으로, 다리가 위를 향하는 자세로, 즉 거꾸로 십자가에 못박혔다.
그는 주님과 같은 자세로 죽을 만큼 자신이 고귀하지 못하다는 생각을 했다고 한다.

2. 안드레
안드레는 많은 아시아 국가들에게 복음을 전파하였다.
에데사(Edessa)에서 십자가에 처형되었는데, 십자가의 두 끝을 수직으로 못박혀 죽었다.

3. 세베대의 아들 야고보
야고보는 스데반이 죽은 후 약 10년이 채 지나지 않아 순교했다.
이는 헤롯 아그립바가 유대총독으로 임명되자마자 유대인들에게 환심을 얻으려고
기독교인들에게 매서운 박해를 가하기 시작했을 때 돌에 맞아 죽었다고 전해진다.

4. 요한
에베소에서 로마로 강제 송환 명령을 받았으며, 기름이 끓는 솥에 던져졌었다.
그러나 끓는 기름 가마 속에서 하나님의 도우심으로 해를 입지 않고 살아나게 된다.
그 후 밧모섬으로 추방을 당했고, 도미티안 후계자인 네르바가 요한을 재송환했다.

5. 빌립
그는 채찍에 맞았으며, 감옥에 갇힌 후 A.D. 54년에 십자가에서 처형되었다.

6. 바돌로매
바돌로매는 여러 나라에서 복음을 전파하였다.
오랫동안 잔인하게 폭행당했으며, 우상 숭배자들에 의해 십자가에서 처형당했다.

7. 도마
도마는 파티아와 인도에서 복음을 전했고,
이곳에서 이교도 제사장들을 격노케 하여 그는 창으로 몸이 관통되어 죽었다.

8. 마태
그는 파티아와 에디오피아에서 사역을 하였고,
에디오피아에서 박해받았으며 A.D 60년 나다바에서 미늘창으로 살해당하였다.

9. 알패오의 아들 야고보 (작은 야고보)
94세 때 그는 유대인들에게 구타당하고 돌로 맞아, 결국 뇌에 손상을 입고 순교했다.

10. 다대오 유다
그는 A.D.72년 에데사(Edessa)에서 십자가형을 받았다.

11. 가나안 사람 시몬(젤로)
그는 아프리카 마우리타니아에서 복음을 전파했으며, 영국에서도 선교하였다.
A.D.74년에 그는 영국에서 십자가 처형을 당했다.

12. 맛디아
에디오피아에서 순교한 것으로 추정

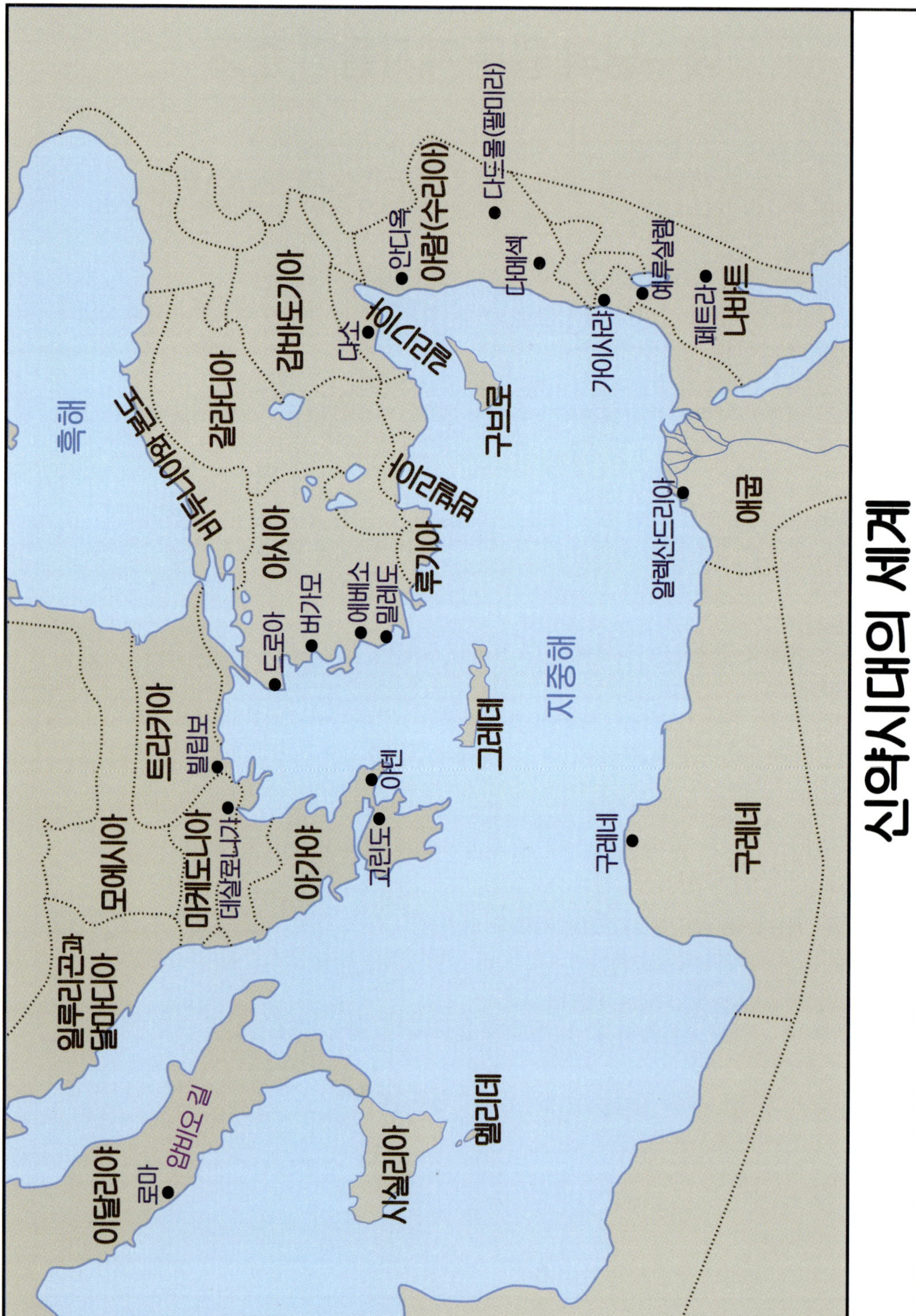
신약시대의 세계
흑해
본도 비두니아
갈라디아
갑바도기아
길리기아
다소
안디옥
아람(수리아)
다드몰(팔미라)
다메섹
가이사랴
예루살렘
페트라
나바트
구브로
밤빌리아
루기아
아시아
드로아
버가모
에베소
밀레도
트라키아
빌립보
마케도니아
데살로니가
모에시아
아가야
아덴
고린도
그레데
지중해
알렉산드리아
애굽
구레네
구레네
일루리곤과 달마디아
이달리아
로마
압비오 길
시실리아
멜리데

테오도시우스 황제가 죽은 뒤 동서 분할시대의 로마제국 (4세기 말)

유대-로마 전쟁

유대-로마 전쟁(66-135:70년간)은 유대가 로마를 상대로 벌인 세 차례의 전쟁을 말하며 1차와 3차는 유대독립국가를 위한 민족주의 반란, 2차는 민족주의 종교갈등에 가까웠다. 유대인의 디아스포라는 고난역사에서 바벨론에 의한 강제 집단 이주로 처음 시작되었고, 두 번째는 유대-로마 전쟁에서 패한 후 전 세계 각지에 흩어져 랍비 중심의 신앙공동체로 살아가면서 국가 없이 다아스포라로 살았다.

* 전 세계에 흩어진 유대인들은 1948년 집결해 현재의 이스라엘을 세웠다.

1차 유대-로마 전쟁 (66-73년)

① 로마의 지배를 받고 있던 다른 지역은 다신교로 로마에 순응한 반면, 유대인들은 유일신 신앙의 정신을 가지고 로마와 끊임없이 마찰을 일으켰다.
② 로마의 3대황제 가이우스(37-41)가 자신의 조각상을 성전에 세우게 한 사건 때문에 로마황제를 우상화 한 종교정책을 강력하게 거부하고 무장봉기를 든다.
③ 로마의 5대황제 네로(54-68)는 베스파시아누스 장군을 진압 대장으로 파견했으며, 네로가 죽은 후 로마는 69년 "베스파시아누스"를 황제로 추대한다.
④ 후임 사령관이 된 황제의 아들 티투스는70년 예루살렘을 함락하고, 성전을 불태웠다. 티투스는 무력으로 가혹하게 진압했고, 전쟁 후 교훈을 위해 "통곡의 벽"만 남겼다.
⑤ 팔레스틴에 살던 유대인 240만명 중 110만명이 죽고, 전쟁포로로 10만명을 잡아갔다. 전쟁포로로 끌려 간 노예들은 콜로세움을 건설하는데 약 8년 동안 혹사당했다.
⑥ 전쟁이 끝난 후 열심당원 960명은 마사다로 올라가 2년간 투항했지만 전세가 기울자 패배로 당하는 모욕보다 자결을 선택한 그들 중 노파 2명 어린이 5명만 살아남았다.
⑦ 마사다 전투 후 유대인의 예루살렘 거주 금지, 종교생활에 대한 제약으로 그 땅을 떠난다. 패배의 결과로 국가를 잃어버리고 "디아스포라"가 시작되었다.
⑧ 1년에 하루 유대인의 예루살렘 출입을 허용, 이날 통곡의 벽에 머리 대고 통곡했다.

2차 유대-로마 전쟁 (115-117년)

115년 유대인들의 폭동이 일어나자 많은 유대인 반란군들이 처형을 당했다.

3차 유대-로마 전쟁 (132-135년)

① 130년 로마 제국의 제14대 황제 하드리아누스(117-138)가 유대 지역을 방문하여 3가지 정책을 실시함으로 유대인의 반감을 샀다.
② 첫째, 예루살렘 이름을 "아일리아 카피톨리나"로 바꾸고 최정예 10군단을 상주시켰다. 둘째, 유대인들에게 할례를 금지시키고, 셋째, 무너진 예루살렘 성전 자리에 로마의 신 주피터 신전을 짓고 동상을 세웠다.
③ 저항한 유대인 요새 50개 함락, 985여개 마을 폐허, 58만명 사망, 노예로도 팔려갔다.
④ 예루살렘이 로마제국에 반대하는 항쟁의 진원지가 된다고 여기고 하드리아누스는 모든 유대인을 예루살렘에서 추방한 후에 입성을 금지시켜 디아스포라가 재현된다.
⑤ 유대나 이스라엘에 대한 기억을 지우려 유다주에서 시리아-팔레스틴 주로 변경한다.

기독교에 대한 로마의 10대 박해 사건

박해 시기		황제	박해의 진상	피해 · 순교자
1차	64년 ~67년	네로	1. 로마와 그 주변에서만 박해가 있었다. 2. 기독교인들이 로마화재의 주범으로 몰려 희생을 당했다. 3. 네로가 기독교인들을 불태워서 정원을 밝히는 만행을 저질렀다.	바울 베드로
2차	90년 ~96년	도미티아누스	1. 주로 로마와 소아시아 지역에서 상당히 심한 박해가 있었다. 2. 황제 신에게 절을 하지 않는다는 이유로 박해를 받았다.	로마의 클레멘트 밧모섬에 요한 유배
3차	98년 ~117년	투라야누스 (트라얀)	1. 박해가 산발적으로 번져나갔다. 2. 로마에 대한 애국심을 의심 받던 다른 단체들과 함께 박해를 받았다. 3. 성도들이 발견되면 형을 집행하였으나 교인들이 잘 발견되지 않았다고 한다.	이그나티우스 시므온 소지무스 루푸스
4차	117년 ~138년	하드리아누스 (하드리안)	1. 박해가 산발적으로 번져나갔다. 2. 트라얀 황제 시대 정책이 그대로 계승되어 교회에 대한 박해를 가해왔다. 3. 기독교에 대하여 변호하는 사람들까지 처벌하였다.	텔레스포루스
5차	161년 ~180년	마르쿠스 아우렐리우스	1. 황제 자신이 스토아 철학자였기 때문에 기독교를 반대하여 박해하였다. 2. 자연 재해가 일어났는데 기독교인에게 재난의 원인이 있다고 하여 박해했다.	저스틴 포티누스 블랜디나
6차	202년 ~211년	셉티미우스 세베루스	1. 기독교로의 개종을 절대적으로 금지하는 정책을 썼다.	레오니다스 이레니우스 페르페투아
7차	235년 ~236년	막시미누스	1. 기독교 성직자들을 처형하라고 명령을 내렸다. 2. 기독교도들이 암살당한 전임 황제를 지지했다는 이유로 박해하였다.	우르슬라 히폴리투스
8차	249년 ~251년	데키우스	1. 마침내 로마 제국 전역으로 기독교의 박해가 확산되었다. 2. 황제만이 신으로 숭배되었고, 다른 신은 숭배 받을 수 없게 금지되었다.	파비아누스 알렉산더 (예루살렘)
9차	257년 ~260년	발레리아누스 (발레리안)	1. 기독교인들의 재산을 압수. 2. 기독교인들의 집회를 금지.	오리겐 키프리안 식스투스2세
10차	303년 ~311년	정제(주황제) 디오클레티안 부제(부황제) 갈레리우스	1. 이때가 최악의 박해시기. 2. 교회들은 무너지고 성경책은 소실됨. 3. 모든 기독교인들의 자격이 정지됨. 4. 기독교인들이 이방신의 제물로 희생됨	마우리티우스 일반성도 다수

네로 황제의 기독교 박해 (A.D.54-68년)

클라우디우스의 아내 아그리피나는 황제를 독살하고
그 아들 네로를 황제의 자리에 올렸다.
황제가 된 네로는 통치 기간 초기에는
가난한 자들을 위한 법령을 만드는 등 정치를 잘하였으나,
망상과 향락에 빠져 들면서 예술가들의 증오의 대상이 되었으며,
로마 시민으로부터는 미치광이라고 불리게 되자 두려워했다.
심지어 어머니와 아내 옥타비아와 친척들까지 살해하기도 했다.

그러던 중 64년 7월 18일 로마시에서 6일 동안의 대화재로
로마시 3분의 2가 불타고 말았다.
평소 네로 황제에 대한 불만이 컸던 로마 시민들은
미치광이 황제 네로의 짓이라고 생각을 했다.
로마시 전체에 이 소문이 걷잡을 수 없이 퍼져나가자
네로는 혼란스러워진 민심을 안정시키기 위해
싫어하던 기독교인들에게 로마시 화재에 대한 책임을 돌리고
기독교인들을 무차별적으로 학살함으로서 로마 제국의 황제 중
최초의 기독교 박해자로 기록되었다.
결국 로마 원로원의 처형 결정으로 네로는
"세상이 나 같은 예술가를 잃는구나."라는 말을 남기고 자살했다.

네로의 기독교 박해 당시 바울과 베드로가 순교를 당했다.

도미티안 황제의 기독교 박해 (A.D.81-96년)

도미티안은 로마 제국의 황제가 되자마자 옛 그리스-로마의 신들을
로마 제국의 신으로 등극시켜 로마를 다스리려 했다.
그러나 기독교인들의 극렬한 반대로 좌절되고 만다.
하지만 도미티안 황제는 집권 10년 후
로마 제국의 정치와 경제를 안정 궤도에 올려 놓고
집권 초기에 시행하려 했던 옛 그리스-로마의 신들을
로마의 신으로 세워나갔고,
황제 자신을 신이라고 부르게 하고 자신을 숭배하도록 강요했다.

도미티안은 기독교인들로 인하여 로마의 모든 신들이 노하여
로마가 어려움에 처했다고 주장하며
기독교인들의 재산을 압수하기도 하고, 추방하기도 하였으며,
굶주린 맹수와 경기장에서 결투를 벌이도록 했다.

도미티안 황제의 기독교 박해 중에
사도 요한은 펄펄 끓는 기름 가마니에 던져졌으나
살아서 밧모섬에 유배되었다.
사도 요한은 밧모섬에서 유배생활을 하면서
예수 그리스도로부터 계시를 받아 요한계시록을 기록하였다.

결국 도미티안 황제도 독재자 네로처럼 자신의 궁전에서
비참하게 암살을 당했다.

트라야누스 황제의 기독교 박해 (A.D.98-117년)

트라야누스는 로마 제국의 제13대 황제로서
"원로원은 최고의 통치자다"라고 공식적으로 선포하고,
원로원들의 말을 경청하였으며, 그들과 좋은 관계를 유지했다.
트라야누스는 로마 역사상 가장 대규모의 군사 활동을 이끌었으며,
사망할 때까지 로마 제국의 최대 영토를 확장한
가장 성공적인 군인 황제였다.
또한 대규모 공공 시설 사업을 주관하고 사회 복지 정책을 실행했다.

원로원에 대해서 좋은 관계를 유지했던 트라야누스 황제는
기독교인들에 대해서는 체포하여 잔인하게 심문하도록 했다.

트라야누스는 기독교인들이 예수를 부인하면 풀어주었으나,
끝까지 예수를 그리스도로 시인하면 사형을 시켰다.

트라야누스 황제가 기독교를 잔인하게 박해할 때
사도 요한의 제자이며, 안디옥 교회의 세 번째 감독이었던
이그나티우스가 순교를 당했다.
이그나티우스 감독은 극심한 고문 후 화형을 당했다.

트라야누스는 117년 말 군사 원정 후 로마로 돌아가는 배를 타던 중,
병에 걸려 뇌졸중으로 사망했다.
원로원은 그를 신격화했다.

하드리안 황제의 기독교 박해 (A.D.117-138년)

하드리안은 트라야누스의 양자로 다재다능한 로마의 14대 황제였다.
그러나 하드리안은 다신주의자였고,
자신에 대한 황제신격에 반대하는 자들을 가차 없이 처형했다.
그리고 오직 예수 그리스도만을 외치는 기독교인들을 증오하여,
기독교인들이 발각되면 처형했으며, 극심하게 박해했다.

하드리안은 기독교를 믿는 것은 국법을 어기는 죄로 간주하고,
예루살렘 성전터에 제우스 신전을 세우고 우상숭배를 강요하였으며,
거부할 경우에는 사형에 처하기까지 했다.
하드리안은 로마 전역에 신전뿐만 아니라
황제 신상을 세우고 그것들에게 경배하라고 명령하였다.

하드리안은 오직 예수 그리스도 한 분만을 왕과 주로 섬기면서
다른 신을 거부하는 기독교를 심하게 증오하며 탄압해 나갔다.

156년 로마제국의 15대 황제인 **안토니누스 피우스 황제** 시대에
서머나에서 10여 일간 기독교인들에 대한 참혹한 박해가 있었다.
그때 서머나 교회의 감독인 폴리캅은 나무에 달려 화형을 당했다.
사도 요한의 제자인 폴리캅 감독은
"딱 한 번만 로마 황제를 우리 주 우리 하나님이라고 고백하고,
예수 그리스도를 저주한다면 살려주겠다."는 서머나 총독의 말에
"지난 86년 동안 예수 그리스도는 한 번도 나를 배신하지 않으셨소.
하물며 나의 구세주이신 예수님을 어찌 배반할 수 있겠소."라는
말을 남겼다.

아우렐리우스 황제의 기독교 박해 (A.D.161-180년)

명상록의 저자이며 학문에 조예가 깊었던 마르쿠스 아우렐리우스는
어머니의 가르침으로 인간적이며 관대하고 경건한 사람으로서
집권 초기에는 그 시대의 지성인으로서
기독교인들을 우호적으로 평가했다.

아우렐레우스는 스토아 철학자인 가정교사와
미신을 믿는 점성가들에게 빠져들면서 기독교를 미신으로 취급했다.
황제 자신이 스토아 철학자였기에 기독교를 이론적으로 반대하고
아주 체계적으로 기독교를 박해하였다.
중요한 행사를 치를 때는 이방신들에게 희생 제사를 드렸는데,
통치 초기에 외국의 침략, 홍수, 전염병 등 여러 재해가 뒤따랐다.
기독교인들 때문에 신들이 노하여 이런 재앙이 임했다고 주장하고
비밀 정보원을 동원하여 기독교인들을 잡아들였고,
심한 고문을 가하여 자신들의 신앙을 포기하도록 만들었다.

붙잡힌 기독교인들은 창자가 터져나올 정도로 채찍에 맞았으며,
그런 후에 조개껍질이나 땅 위에 놓인 창 끝에 눕혀졌고,
온갖 종류의 고문을 받은 후 사나운 짐승의 밥으로 던져졌다.
많은 기독교인들은 큰 박해 속에서도 끝까지 신앙을 지켰으며,
최후에는 잔인하게 순교를 당했다.

이 시대의 대표적인 순교자는 저스틴이 있다.

세베루스 황제의 기독교 박해 (A.D.202-211년)

로마제국은 마르쿠스 아우렐리우스 황제 이후
도처에서 반란으로 전쟁이 계속되었고,
황제들은 사치와 향락에 빠져들어 극심한 환란에 빠졌지만
기독교는 왕성했다.

그러나 셉티미우스 세베루스 황제가 등극하면서
제국의 모든 국민에게 자신을 지존의 신으로 인정하도록 강요하며
"정복되지 않는 태양"으로 예배하도록 명령했다.
이 명령을 따르는 국민들에게는 다른 신도 섬길 자유를 주고자 했지만
기독교인들은 따르지 않자 박해하기 시작했으며,
기독교인들의 확장을 막을 목적으로
기독교로 개종하는 사람들을 사형시켰다.

이 시기에 이레네우스와, 오리겐의 아버지를 포함한 많은 사람들이
알렉산드리아에서 학살을 당했다.

세베루스 황제가 죽은 뒤 기독교인들에 대한 박해가 중단되자
기독교인들의 수는 급격히 늘어났으며,
다수의 귀족들도 예수를 그리스도로 믿는 기독교인이 되었다.
그들은 박해를 받는 기독교인들에게서
경건한 삶과, 소망의 모습, 그리고 세상이 감당치 못할 믿음을 보았고,
기독교인들에게 오직 예수만이 구원자라는 진리를 듣고 믿었던 것이다.

막시미누스 황제의 기독교 박해 (A.D.235-236년)

셉티미우스 세베루스 황제 이후 기독교에 대한 박해가 중단되었다가
막시미누스 황제 때 기독교인을 향한 핍박이 진행되었다.

막시미누스는
기독인들에게 관용적이었던 선임자 알렉산더 세레루스의 정책을
반대할 목적으로 박해했으며,
예수를 그리스도로 믿는 신앙인들이
자신이 암살한 전임 황제를 지지했다는 이유로 압박했던 것이다.

막시미누스 황제는
제국 내 여러 금광들의 개발에 기독교인들을 강제노역에 동원했으나
기독교인들을 무자비하게 죽이지는 않았다.

막시미누스는 원로원을 무시하며 외면하는 정책을 펼치다가
로마 원로원으로부터 폐위를 당하고 공중의 적으로 선포되었다.
당시 변방에서 야만족 방어를 위해 전선에 나가 있던 막시미누스는
원로원을 응징하기 위해 이탈리아로 진군하다가 부하들에게 피살되었다.

막시미누스 당시 기독교인에 대한 큰 박해와 순교자는 거의 없었지만
로마 교회가 폰티아누스 감독과 히폴리투스 감독에 의해 분열되었다.
이때 기독교에 대한 오해가 거의 풀어졌고,
기독교는 참된 진리라고 인식이 퍼지면서 많은 귀족들도
예수를 그리스도로 믿는 그리스도인이 되었다.

데키우스 황제의 기독교 박해 (A.D.249-251년)

데키우스 황제는 야만족들의 침입, 경제적인 위기, 전염병 확산 등
정치적으로 매우 혼란스러워지자
그 원인을 로마인들이 섬기던 신들을 저버렸기 때문이라고 여겼다.
데키우스 황제는 로마의 전통 신들을 극진히 섬기면
로마의 영광이 재현될 것으로 믿고
여러 신들의 형상과 황제의 신상을 재정비하여 세워 나갔다.

데키우스 황제는 예수를 그리스도로 믿는 기독교의 신앙에 대해
로마 제국을 위협하는 것으로 단정하여
로마의 옛 신들을 예배하는 우상숭배를 집요하게 강요했다.
황제 숭배도 의무화하여 애국심을 표현하는 국민의례로 행하게 했고,
황제의 신상 앞에 향불을 피우게 하여
이를 거부하거나, 반대하는 자들을 반역자로 취급했다.
황제의 명령에 따라 신앙을 버린 자들은 "배교자"라고 불렀다.

여러 신상들과 황제 신상에 분향하는 자들에게 증명서를 발급했고,
증명서가 없는 자들은 체포했다.
끝까지 신앙을 굳건히 지킨 자들은 손발이 잘리고 불구가 되었다.
로마는 각종 회유, 고문, 협박으로 기독교인들의 배교를 유도했다.

이때 오리겐이 투옥되었고 심한 고문을 당하다가 출옥 후
다음 황제였던 갈루스가 통치할 때 69세의 나이로 숨을 거두었다.

발레리안 황제의 기독교 박해 (A.D.257-260년)

발레리안 황제는 중단되었던 기독교를 다시 박해하기 시작했지만
기독교인들의 수는 점점 늘어갔다.

위기 의식을 느낀 황제는 기독교인들의 재산을 몰수하고,
국가 업무에 참여할 수 있는 기본 권리인 공민권을 박탈했으며,
기독교 지도자들을 체포하고 처형하기도 했다.

로마 제국에 발생한 질병과 흉년으로 인하여 위기가 찾아오자
기독교가 로마의 전통 신들을 섬기지 않았기 때문이라고 하면서
로마 제국의 모든 어려움의 원인을 기독교인들에게 돌렸다.
기독교인들을 향한 로마 신들의 노여움으로 여긴 것이다.

우여곡절 끝에 발레시안이 황제의 자리에서 물러나자
후계 황제는 기독교인들에 대한 제재 명령을 철회하였고,
빼앗아 갔던 교회의 모든 재산을 기독교인들에게 되돌려주었다.

이때부터 40년 동안 기독교인들에게 평화가 찾아오면서
성도들의 수와 교회의 재산이 증가했고,
웅장하고 화려한 예배당들을 건축하였으나
교회에서 문제를 일으키는 자들에 대한 교회의 권징이 느슨해지고,
그 틈새에서 교회는 분쟁과 음모와 분열이 증가했다.
교회 안으로 세상 정신이 홍수처럼 밀려 들어왔다.

디오클레티안 황제의 기독교 박해 (A.D.284-305년)

디오클레티안 황제는 기울어진 로마를 살리려 정치경제를 개편하고
군대를 강화했으며 기독교인들에게 관용을 베풀었다.
그러나 입영을 기피하거나 부대를 이탈하는 기독교인들이 생기자
기독교인들을 군에서 축출해야 한다는 총독들의 요구를 받아들이고
고위관직에서 기독교인 축출, 성전파괴, 그리고 성경들을 불태웠다.

황궁에서 발생한 두 차례의 화재를 기독교인들의 보복방화로 몰고
모든 기독교인들에게 우상숭배를 강요하여
로마 신들에게 제사를 지내고, 제물을 먹으라고 하여
기독교를 로마 제국에서 말살하려고 했다.
기독교인들은 배교하든지 굶어죽든지 해야 했다.

305년 건강의 악화로 디오클레티안은 황제의 자리에서 물러나고
부황제 갈레리우스가 황제가 되면서
기독교를 더 혹독하게 박해하여 배교자가 늘어났다.

313년 콘스탄티누스 황제를 통해
로마 제국에 기독교가 공인되고, 믿음의 자유가 선포되었지만
가톨릭에 의한 성경 변질과
가톨릭 교리를 따르지 않는 자들에 대한 잔인한 박해가 예고되었으니
예수를 그리스도로 믿는 기독교인들은
세상 끝 날까지 순교의 정신으로 성경의 절대 권위를 인정하고
믿음을 견고하게 지켜나가야 할 것이다.

카자르족의 계보

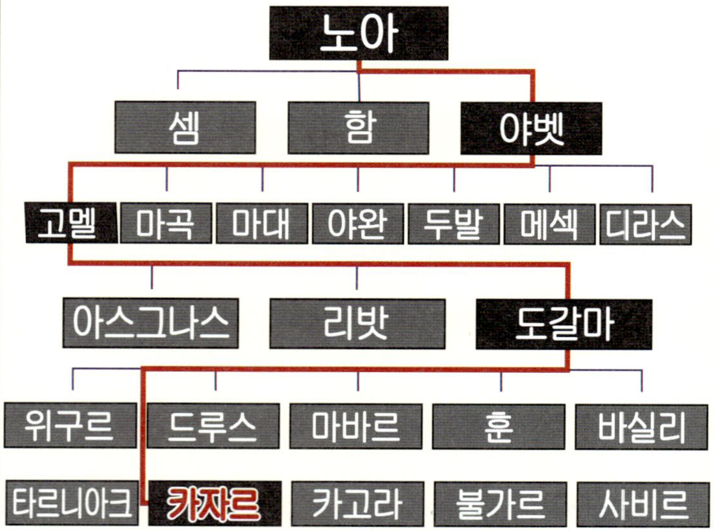

(창 10:3) 고멜의 아들은 아스그나스와 리밧과 도갈마요
(대상 1:6) 고멜의 아들은 아스그나스와 디밧과 도갈마요
(겔 27:14) 도갈마 족속은 말과 전마와 노새를 가지고
네 물품을 무역하며
(겔 38:6) 고멜과 그 모든 떼와
극한 북방의 도갈마 족속과
그 모든 떼 곧 많은 백성의 무리를
너와 함께 끌어 내리라

노아 후손들의 행방

	조 상	나 라
셈	엘람	페르시아
	앗수르	앗수르
	아르박삿	수메르
	룻	리디아
	아람	시리아
함	구스	에디오피아
	미스라임	애굽
	붓	리비아
	가나안	시돈,헷,여부스,아모리
야벳	고멜	게르만족
	마곡	스키티아
	마대	메디아
	야완	그리스
	두발	그루지아
	메섹	모스크바
	디라스	트라키아

카자르인들의 발자취

① 야벳이 고멜을 낳았고 이들이 갈라디아, 프랑스, 독일인들의 조상이 되었다.

② 고멜에게서 아그나스(아쉬케나지)가 태어났으며 독일인들의 조상이 되었다.

③ 도갈마에게서 10명의 아들이 태어났다.

④ 지금의 유대인 90%가 야벳→고멜→도갈마의 7번째 자손인 카자르인들이다.

⑤ 토속신앙을 갖고 있던 카자르 족이 유대교로 개종하여 세상에 막강한 영향력을 끼치고 있다.

⑥ 개종한 유대인들로부터 자본주의, 공산주의, 사회주의 일루미나티, 프리메이슨이 나왔다.

카자르 족(族)과 개종한 유대교들

① 7세기경 코카서스 산맥 위쪽으로 약 100만 명 규모의 카자르 나라가 존재했다.

② 카자르는 동로마 제국과 이슬람 제국으로부터 종교적인 압박을 받았다.

③ 카자르의 불란 왕은
희랍정교(동로마 제국)의 주교인 퀴릴로스,
이슬람의 이맘인 파라비 이븐 코라,
유대교의 랍비인 이츠하크 상가리를 초청하여
각자의 교리를 듣게 된다.

④ 두 종교의 공통분모가 유대교라고 생각한
불란 왕은 740년 유대교를 국교로 받아들였다.

⑤ 샤머니즘을 숭배하던 카자르 족이
유대교로 개종한 것은 종교적인 이유가 아닌
중개무역을 위한 생존 전략이었지만
오늘날 기독교의 미래와 직결되기에 중요하다.

⑥ 8~9세기 카자르의 지배계층은
카자르 제국을 확장해 갔으나
965년 키예프 공국의 스뱌토슬라프 대공의
침략을 받고 멸망하였으며,
1240년에는 몽골의 침략으로
이후의 카자르 역사는 전해지지 않고 있었다.

⑦ 카자르국이 멸망 한 이후 카자르족의 대부분이
우크라이나, 러시아, 헝가리, 폴란드, 루마니아,
체코, 불가리아, 프랑스의 보헤미아, 독일 등으로
뿔뿔이 흩어졌으며,
이들이 정착한 곳에서 대부분 박해를 받았고,
교황마저 카자르족의 박해를 승인하게 되었으니
이로 인하여 기독교에 대한 반감을 갖게 된다.

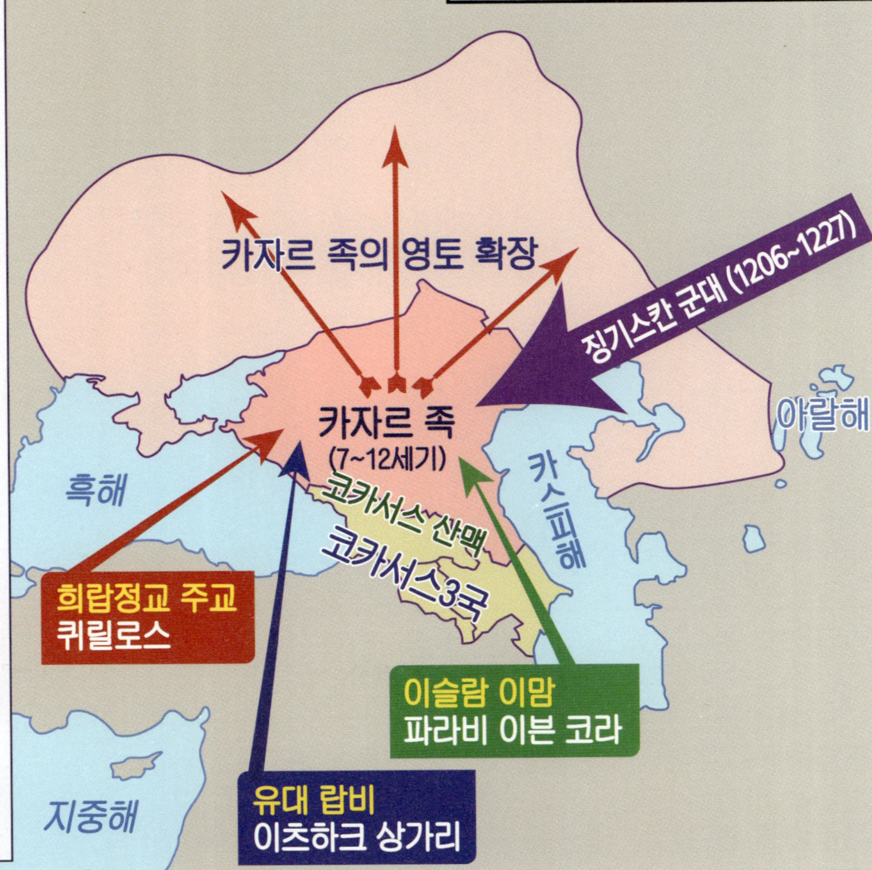

멸망한 카자르족은 동유럽 각국으로 흩어진다.
독일의 게토에 살던 카자르족의 유대인 중에서
로스차일드 가문을 통해 자본주의가 만들어졌고,
칼 마르크스를 통해 공산주의가 만들어졌다.
★ 적색글씨로 표시한 국가는 초기 공산주의 국가.
현존공산국 - 베트남, 중국, 북한, 쿠바, 라오스
노르웨이
스웨덴
덴마크
에스토니아
라트비아
리투아니아
아일랜드
영국
구서독
구동독
독일
폴란드
벨라루스
체코
우크라이나
구소련(러시아)
카자흐스탄
프랑스
스위스
오스트리아
슬로바키아
헝가리
루마니아
크로아티아
세르비아
불가리아
이탈리아
알바니아
그리스
흑해
카스피해
조지아
아르메니아
아제르바이잔
터키
스페인
포르투갈
북대서양
지중해
모로코
알제리
튀니지
리비아
이집트
이스라엘
요르단
시리아
이라크
이란
사우디 아라비아
개종한 유대인들에 의해 만들어진
자본주의와 공산주의

기독교와 개종한 유대인들과의 관계

로스 차일드 가문 - 개종한 유대인. 자본주의의 시작

※ 1744년 독일의 게토에서 태어난 마이어 암셀 로스차일드는 5명의 아들들에게 사업을 분배하여 오늘날에 이르기까지 세계에서 가장 부유한 가문으로 그 명예를 지켜나가고 있다.
(로스차일드 가문의 자산 - 2016년 5경7400조원 추정)

※ 오늘날에 이르러 로스차일드 가문은 영국과 프랑스를 중심으로 하여 석유, 보석, 금, 홍차, 와인, 백화점, 영화, 의학, 국제금융, 각종 분야에 다국적 조직을 갖고 전 세계 정치·경제에 막강한 영향력을 행사한다.

※ 미국에서는 언론, 금융, 법조, 교육, 영화, 정치, 외교, 군사복합체, 에너지, 제약회사, 인터넷, 소프트웨어, 식량을 장악하고 있다.

※ 카자르인들이 유대교로 개종을 하여 독일 등 유럽 각국으로 가서 고리대금업을 시작했던 것이 오늘날에 이르러 자본주의가 되었고, 당시 카자르인을 향한 카톨릭·정교회의 극심한 배타적인 행동으로 이들의 목표는 이 땅에서 기독교와 왕정을 없애는 것이었다.

칼 마르크스 - 개종한 유대인. 공산주의의 창시자

※ 칼 마르크스가 공산주의를 만든 이유는 당시 유럽의 상황을 볼 때 서방에는 가톨릭이, 동방에는 희랍정교가 정치와 경제를 잡고 있었다. 칼 맑스는 공산주의를 만들어 이들을 뒤엎으려는 세력들을 선동했고 카톨릭 · 희랍정교(기독교로 여김)를 잔인하게 타도해 나갔다.

※ 공산주의는 기독교 귀족들의 사유재산을 모두 빼앗아서 없애 버렸고, 갖고 있던 재산들을 모두 빼앗아 공산당이 소유하게 된다.
이런 공산혁명을 통해 전 세계 1억5천만 명의 기독인들을 학살한다.

※ 소련 공산당은 2600만 명의 기독인을 죽였고, 인재가 사라진 연고로 노동자 농민 노예들밖에 없기에 미국과의 경쟁에서 밀리게 된다.

※ 공산주의자들은 작전을 바꾸어서 러시아에 있는 금 · 은 · 보석 등을 스위스 비밀은행에 빼돌리고, 런던 시티뱅크에서 자금을 세탁 한 후 미국으로 건너가 언론계, 법조계, 은행계, 영화계 등을 사들여 전세계에 막강한 영향력을 끼치고 있다.

1. 독일에서 살던 카자르족의 개종한 유대인들은 기독교와 왕정을 없애려고 자본주의와, 공산주의를 만들었고, 주로 프랑스·독일에서 전개된 계몽주의로 자기들의 세상을 오늘까지 이루어 왔고, 앞으로도 이루어 갈 것이다.
(로스 차일드→자본주의의 시작, 카자르족의 개종한 유대인)
(칼 마르크스→공산주의의 시작, 카자르족의 개종한 유대인)
(아담 바이스하우프트→계몽주의자, 일루미나티 창시자, 개종한 유대인)
2. 자본주의란? 사유제 아래에서 이윤획득을 위한 상품 생산이 행해지는 경제 체제를 말한다. (군주시대 → 봉건시대 → 자본주의)
3. 계몽주의란? 희랍정교 신앙을 반대, 이성의 힘과 인류의 무한한 진보를 믿고, 현존질서를 타파하며, 사회개혁에 목적을 두었다.
4. 공산주의란? 유물론을 기초하고, 사유재산 철폐와 생산수단의 공공소유에 기반을 둔 경제·사회·정치 공동체 형성에 관한 사상을 일컫는다.
5. 영국의 처칠은 "자본주의는 축복을 불공평하게 나눠주고, 공산주의는 불행을 골고루 나눠준다"고 말했다.
6. 우리는 반드시 공산주의를 반대하고, 자유주의 시장경제의 원칙에 따른 민주주의를 지향해야 하기에 유대인의 자본주의 영향을 피할 수 없다. 그러나 유대인의 자본주의는 말씀을 중심으로 살아야 할 기독교인들을 물질중심의 삶으로 변질시킬 위험요소가 있음을 명심해야 한다.
7. 기독교인들이 우로 가면 맘몬신에 빠지게 하는 물질주의의 자본주의가 있고, 좌로 가면 신을 부정하는 유물주의의 공산주의가 있는 것이다. 그러므로 하나님의 법궤를 메고 벧세메스로 가는 두 암소처럼 하나님의 말씀을 붙잡고 좌로나 우로나 치우지지 말고 직진만 해야 한다.
8. 공법과 정의를 공정히 행하시며, 축복을 공평하게 이루시고, 불행을 온전하게 해결하시는 분은 오직 예수 그리스도 한 분밖에 없다.

성경역사 연대표

No.1

연 도	사 건	기 간
B.C	태초에 하나님이 천지를 창조하시다	B.C
	노아의 대홍수	
	바벨탑의 사건과 인류 분산	
B.C	족장 시대	B.C.2166~B.C.1447
2166	아브라함의 출생	
2091	아브라함이 하나님의 부르심을 받고 하란에서 출발	아브라함 나이 75세
2091	아브라함이 가나안 땅으로 이주	
2080	사라의 몸 종 하갈을 통해 이스마엘이 출생	
2067	할례 언약 체결	
2066	사라를 통해 약속의 자녀 이삭의 출생	
2006	에서와 야곱의 출생	
1915	요셉의 출생	
1885	요셉이 애굽 총리로 세워짐	
1876	야곱과 그 자손들이 애굽으로 이주	
1805	요셉의 죽음	
	욥의 사건	
1527	모세의 출생	
1487	모세의 미디안 광야 도피	
1447	애굽에 내린 10가지 재앙	
B.C	출애굽과 가나안 정복 시대	B.C.1446~B.C.1375
1446	출애굽의 사건	
	시내산에서 율법과 성막의 설계도를 받음	
1445	성막을 건축함	
	인구조사	
	레위기 율법 계시	
	제사장 위임식	
	시내산 → 광야 방황 → 가데스로 진행	
1406	아론의 죽음	
	모압 광야 도착, 2차 인구조사	
	요단 동편 점령 및 분할	
	모세의 고별 설교 (신명기 기록)	
1406	후계자 여호수아 등장	
	모세의 죽음	
1405	가나안 입성 및 정복 시작	
1400	가나안 정복 완료 및 가나안 땅 분할, 도피성 설치	
1390	여호수아의 죽음	

No.2

연 도	사 건	기 간
B.C	사사 시대	B.C.1375~B.C.1050
1374	사사 옷니엘의 활동	B.C.1367~B.C.1327
1316	사사 에훗의 활동	B.C.1309~B.C.1229
1216	사사 드보라의 활동	B.C.1209~B.C.1169
	사사 바락의 활동	
1169	사사 기드온의 활동	B.C.1162~B.C.1122
1103	사무엘의 출생	
	사사 입다의 활동	B.C.1078~B.C.1072
1091	사무엘이 부르심을 받음	
1075	사사 삼손의 활동	B.C.1075~B.C.1055
	미스바의 회개운동	
B.C	통일 왕국 시대	B.C.1050~B.C.930
1050	사울이 기름 부음을 받음 · 왕정시대의 시작	
1040	다윗의 출생	
1025	다윗이 기름 부음을 받음	
1020	다윗이 골리앗과의 싸움에서 승리한 후 도피 생활	도피생활 10년
1017	사무엘의 죽음	
1010	사울 왕의 죽음	
1010	다윗이 헤브론에서 유다 왕으로 등극	B.C.1010~B.C.970
1005	다윗이 통일왕국의 왕이 되다	
1003	다윗이 예루살렘 성을 정복하다. 언약궤의 예루살렘 성 안치	
991	다윗과 밧세바 사건	
990	솔로몬의 출생	
979	압살롬의 반역	
973	다윗의 인구조사와 다윗의 죄로 인한 징벌	
970	솔로몬이 왕으로 등극	B.C.970~B.C.930
	다윗의 죽음	
966	솔로몬의 성전 건축시작	
965	솔로몬의 아가서 기록	
959	솔로몬의 성전 완공	
	솔로몬의 왕궁 건축시작	
946	솔로몬의 왕궁 완공	
946	지혜문학의 발달	

No.3

연 도	사 건	기 간
938	여로보암이 솔로몬을 반역하여 애굽으로 도망	
935	전도서 기록	
B.C	분열 왕국 시대	B.C.930~B.C.722
930	솔로몬의 죽음과 분열 왕국시대 시작	
930	르호보암의 남유다 왕 등극	B.C.930~B.C.915
930	여로보암1세의 북이스라엘 왕 등극	B.C.930~B.C.909
875	엘리야 선지자의 활동 (북이스라엘에서)	B.C.875~B.C.848
874	아합의 북이스라엘 왕 등극	B.C.874~B.C.853
863	아합 왕의 죽음	
858	오바댜 선지자의 활동 (남유다에서)	B.C.858~B.C.840?
853	여호람의 남유다 왕 등극	B.C.853~B.C.841
848	엘리사 선지자의 활동 (북이스라엘에서)	B.C.848~B.C.797
	아람나라 나아만 장군의 나병 치유	
841	예후 북이스라엘 왕 등극	B.C.841~B.C.814
	아하시야 남유다 왕 등극	
	아달랴의 남유다 왕 등극 (아하시야의 모친)	
835	요아스 남유다 왕 등극	B.C.835~B.C.796
835	요엘 선지자의 활동 (남유다에서)	B.C.835~B.C.796
797	엘리사 선지자의 죽음 (북이스라엘에서)	
796	요엘 선지자의 활동 종결	
793	여로보암2세 북이스라엘 왕 등극	B.C.793~B.C.753
790	4차 남북전쟁 개시	
785	요나 선지자의 활동	B.C.785~B.C.775
773	아슈르단 3세의 앗수르 왕 등극	
763	앗수르의 역병 재난	
760	아모스 선지자의 활동 (북이스라엘에서)	B.C.760~B.C.750
759	요나의 니느웨를 향한 회개 선포	
751	요담 남유다 왕 등극	B.C.750~B.C.735
750	호세아 선지자의 활동 (북이스라엘에서)	B.C.750~B.C.715
748	북이스라엘과 남유다에 대한 앗수르의 공격이 시작되다	
742	아하스 유다 왕의 섭정	

No.4

연 도	사 건	기 간
740	이사야 선지자의 활동 (남유다에서)	B.C.740~B.C.680
	미가 선지자의 활동 (남유다에서)	
735	아하스의 남유다 왕의 등극	B.C.735~B.C.715
735	북이스라엘이 아람과 동맹하여 앗수르의 공격을 대비	
733	북이스라엘의 침공에 앗수르에게 도움 청하여 남유다 승리	
732	북이스라엘과 동맹했던 아람이 앗수르에 의해 멸망	
728	히스기야 유다 왕 등극 및 종교 개혁	B.C.715~B.C.686
724	앗수르가 북왕국 호세아 왕 감금 & 사마리아 3년간 포위	
722	북이스라엘이 앗수르에 의해서 멸망	
B.C	남유다 왕국 시대	B.C.722~B.C.586
714	앗수르의 남유다 침입	
697	므낫세 남유다 왕의 등극	B.C.697~B.C.642
680	이사야 선지자의 활동 끝남	
664	앗수르에 의해 애굽의 수도 테베가 정복됨	
642	아몬의 남유다 왕 등극	
640	요시야의 남유다 왕 등극	B.C.640~B.C.609
	나훔 선지자의 활동	
630	스바냐 선지자의 활동	
626	예레미야 선지자의 활동	B.C.626~B.C.585
622	요시야 왕의 종교 개혁 및 성전 수리	
612	바벨론에 의한 앗수르의 멸망 (나훔 · 스바냐의 예언 성취)	
609	요시야 왕의 전사	
	여호아하스 남유다 왕의 등극	
609	여호야김 남유다 왕의 등극	B.C.609~B.C.598
608	하박국 선지자의 활동	
605	바벨론의 1차 남유다 침입	
	다니엘 등 바벨론의 1차 포로가 됨	
	바벨론의 느부갓네살에 의한 애굽의 멸망	
597	바벨론의 2차 침입 & 에스겔 등 바벨론의 2차 포로 됨	
593	에스겔 선지자의 활동	B.C.593~B.C.571
588	바벨론의 남유다 3차 침입	
586	남유다가 바벨론에 의해서 멸망 (예루살렘 함락)	

No.5

연 도	사 건	기 간
586	시드기야 등 남유다 백성의 3차 바벨론 포로	B.C.586~B.C.432
580	다니엘의 세 친구인 사드락, 메삭, 아벳느고의 풀무 불 이적	
562	바벨론의 느부갓네살 왕의 죽음	
550	다니엘의 네 짐승 이상	
539	바사 왕 고레스의 바벨론 정복 (바벨론의 멸망)	
538	바사 왕 고레스의 포로귀환 칙령	
	다니엘과 사자굴의 사건	
537	유다의 1차 포로귀환 (약5만 명가량 귀환. 스룹바벨이 인솔)	고레스 왕
536	스룹바벨의 성전 재건 착공, 중단	
530	다니엘의 죽음	
520	학개 · 스가랴 선지자의 활동	B.C.520~B.C.480
	스룹바벨이 시작한 성전재건 재개	
516	스룹바벨이 시작한 성전재건 완공	
483	아하수에로 왕의 잔치 및 왕후 와스디 폐위	
479	에스더가 아하수에로 왕의 왕후로 피택	
474	모르드개와 유다백성에 대한 하만의 음모 및 하만의 죽음	
473	부림절 제정	
470	스가랴 선지자 사역 종결	
458	남유다의 2차 포로귀환 (에스라의 인솔)	아닥사스다 왕
444	남유다의 3차 포로귀환 (느헤미야의 인솔)	아닥사스다 왕
	에스라의 개혁운동, 예루살렘성곽 수축 완공, 낙성식	
440	말라기 선지자의 활동	B.C.440~B.C.430
433	바사로 돌아간 느헤미야	
432	느헤미야의 귀국 및 개혁운동 시작	
B.C	신구약 중간 시대	B.C.432~A.D.5
343	바사의 애굽 정복	
331	헬라의 바사 정복	
37	유다나라의 대제로 헤롯이 즉위	B.C.37~B.C.4
27	로마의 아구스도 (아우구스투스) 황제 즉위	B.C.27~A.D.14
5	침례 요한 탄생	
	아구스도의 호적령	
	예수 그리스도의 탄생	

No.6

연 도	사 건	기 간
A.D	예수 시대	A.D.0~A.D.100
8	예루살렘 성전에서의 예수	
26	로마의 본디오 빌라도가 유대 총독으로 부임	A.D.26~A.D.36
27	침례 요한의 사역 시작	
	예수님께서 요단강에서 침례를 받으심	
	예수의 공생애 시작, 가나에서 물을 포도주로 변케 함	
	베드로와 그 형제 안드레가 예수님의 제자가 됨	
	세베대의 아들 야고보와 형제 요한이 예수 제자가 됨	
27	베데스다 연못가에서 38년 된 병자를 고치는 이적 행함	
28	침례 요한의 죽음	
	12제자 임명, 12제자 파송, 베다니 전도	
29	예수님의 오병이어의 사건	
	변화산 사건과 베드로의 신앙고백	
30	삭개오의 구원	
	예수님의 예루살렘 입성과 최후의 만찬	
	십자가의 수난과 죽음, 부활, 그리고 승천	
30	오순절 다락방에서 일어난 성령강림과 초대교회 시작	
	스데반의 순교	
34	사울의 다메섹 도상에서의 회심	
37	바울의 1차 예루살렘 방문	
	베드로의 투옥	
44	사도 야고보의 순교	
	베드로의 투옥과 출옥	
45	팔레스타인 대흉년	
	바울의 2차 예루살렘 방문 (구제헌금 전달)	
47	바울의 1차 전도여행	47~49
49	바울의 3차 예루살렘 방문	
	바울의 2차 전도여행	49~52
	바울이 2차 전도여행 중 고린도 지역에서 1년6개월 체류	
50	로마 4대 황제 글라우디오가 유대인을 로마에서 추방	
51	바울이 데살로니가 전 · 후서를 기록	
53	바울의 3차 전도여행 - 에베소에서 2년간 머물다	53~57
	밀레도에서 에베소교회의 장로들을 초청 위로하다	

No.7

연 도	사 건	기 간
54	로마의 5대 황제 네로의 통치 (폭군의 대명사)	54~68
55	고린도전서 기록	
56	갈라디아서 기록	
57	고린도후서 기록, 로마서 기록	
58	3차 전도를 마치고 돌아온 바울이 예루살렘에서 체포됨	
	바울은 미결수로 2년간 가이사랴 감옥에 갇힌 후 로마로 호송	
60	베스도가 유대 총독으로 취임	60~62
61	바울의 로마감옥 투옥 (가택연금)	61~63
62	빌레몬서 기록	
	야고보서 기록	
62	예수님의 동생 야고보의 순교	
	빌립보서 기록	62~63
63	에베소서 기록	
	골로새서 기록	
	바울의 가택연금에서의 석방	
	디모데전서 기록	63~65
64	로마의 대화재와 네로의 기독교 박해	64~68
	베드로전서 기록	
66	디도서 기록	
	베드로 후서 기록	
	유대인의 로마에 대한 반란	
	디모데 후서 기록	66~67
67	바울 사도의 순교	
68	베드로 사도의 순교	
70	로마의 장군 디도스의 예루살렘 점령	
	유다서 기록	70~80
81	도미티아누스의 기독교 박해	81~96
	사도 요한이 요한일서, 요한이서, 요한삼서 기록	
95	요한 사도의 밧모섬 유배	
	요한계시록 기록	
100	요한 사도의 죽음	

시대순으로 보는 성경통독표

순서	구약성경	장
1	창세기	01~50
2	출애굽기	01~40
3	레위기	01~27
4	민수기	01~36
5	신명기	01~34
6	여호수아	01~24
7	사사기	01~21
8	룻기	01~04
9	사무엘상	01~31
10	사무엘하	01~24
11	열왕기상	01~22
12	열왕기하1	01~13
13	요나	01~04
	열왕기하2	14
14	아모스	01~09
15	호세아	01~14
16	요엘	01~03
	열왕기하3	15~16
17	미가	01~07
18	이사야1	01~39
	이사야2	40~66
19	나훔	01~03
20	오바댜	1
	열왕기하4	17~23
21	하박국	01~03

순서	구약 성경	장
22	스바냐	01~03
23	예레미야	01~52
	열왕기하5	24~25
24	예레미야애가	01~05
25	다니엘	01~12
26	에스겔	01~48
27	에스라1	01~04
28	학개	01~02
29	스가랴	01~14
	에스라2	05~06
30	에스더	01~10
31	역대상	01~29
32	역대하	01~36
	에스라3	07~10
33	느헤미야	01~13
34	욥기	01~42
35	시편1	01~42
	시편2	43~72
	시편3	73~89
	시편4	90~106
	시편5	107~150
36	잠언	01~31
37	전도서	01~12
38	아가	01~08
39	말라기	01~04

순서	신약성경	장
40	마태복음	01~28
41	마가복음	01~16
42	누가복음	01~24
43	요한복음	01~21
44	사도행전1	01~18:11
45	데살로니가전서	01~05
46	데살로니가후서	01~03
47	갈라디아서	01~06
	사도행전2	18:12~19:20
48	고린도전서	01~16
49	고린도후서	10~13
	고린도후서	01~09
	사도행전3	19:21~20:3
50	로마서	01~16
	사도행전4	20:4~28
51	에베소서	01~06
52	골로새서	01~04
53	빌레몬서	1
54	빌립보서	01~04
55	디모데전서	01~06
56	디도서	01~03
57	디모데후서	01~04
58	히브리서	01~13
59	야고보서	01~05
60	베드로전서	01~05
61	베드로후서	01~03
62	요한1서	01~05
63	요한2서	1
64	요한3서	1
65	유 다 서	1
66	요한계시록	01~22

저자 **고 대 원** 목사

1994년 8월 안면도 성광교회를 시작으로 당진의 향린교회를 거쳐 지금의 부산 산성중앙교회에 이르기까지, 목회한지 30년이 흘렀다. 말씀을 증거하면 할수록 내게서 발견되는 것은 허물과 죄라는 것을 깨닫게 되고, 목회하며 받는 고난과 시련을 이겨내며 그리스도의 몸된 교회를 위하여 내 육체에 그 고난을 채워나가리라 다짐하게 된다. 허물과 죄에서 구원해주신 예수 그리스도의 크신 사랑 앞에 믿음의 의리를 끝까지 지키고자 남은 목회사역을 하나님의 양심으로, 예수님의 정신으로 무장하여 하나님께서 만드신 이 땅에서 말씀대로 복음을 증거 하리라 결심하고 기도한다. 내게는 우리 주 예수 그리스도의 십자가 외에 결코 자랑할 것이 없기 때문이다.

구약과 신약의 성경지도

초판인쇄 2021년 10월 8일
증보판 2쇄 2025년 8월 8일
지은이 고대원

발행처 산성중앙교회
주소 부산광역시 북구 산성로 13
전화 051)332-1004

출판 도서출판 카리타스
등록번호 제2006-000002호
주소 부산광역시 동구 중앙대로 298
전화 051)462-5495

ISBN 978-89-97087-69-3